WILLIAM WINDHAM ET PIERRE MARTEL

RELATIONS

DE LEURS

DEUX VOYAGES AUX GLACIERS DE CHAMONIX

(1741-1742)

TEXTE ORIGINAL FRANÇAIS

Publié pour la première fois

Avec une introduction et des notes

PAR

Théophile DUFOUR

Président de la Cour de justice de Genève.

Directeur des Archives de l'État.

GENÈVE

IMPRIMERIE BONNANT, RUE VERDAINE

—

1879

Extrait de l'*Echo des Alpes*. — Année 1879.

INTRODUCTION

La vallée de Chamonix a longtemps passé pour avoir
été *découverte* en 1741, par Windham et ses compagnons
de route. Si ce furent effectivement ces voyageurs qui la
signalèrent les premiers à l'attention publique, il ne saurait être contesté aujourd'hui que, bien avant eux, elle
avait été parcourue par des visiteurs étrangers, qui n'habi-
taient point dans son voisinage immédiat. Les évêques du
diocèse, dans leurs pérégrinations, et les collecteurs d'im-
pôts, dans leurs tournées, ne pouvaient négliger ce coin
de terre, si écarté qu'il fût. Malheureusement les traces
de leurs excursions[1] se bornent le plus souvent à de trop
courtes mentions. On les a recueillies avec soin; en cherchant bien, on en retrouverait peut-être encore d'autres.
C'est ainsi que M. Eugène Ritter, professeur à l'Université de Genève, a communiqué à la Société d'histoire
de la même ville (séance du 8 novembre 1877) une pièce
que je désire signaler ici à l'attention des futurs historiens de la vallée. Il s'agit d'une lettre datée « de Cha-
mony en Fossigny, le 16 May 1669, » et due à un litté-

---

[1] François de Sales fit le voyage de Chamonix en 1606 ; Jean d'Arenthon
d'Alex y alla à plusieurs reprises, entre 1660 et 1695.

rateur nommé Le Pays, qui eut pendant plusieurs années
un emploi assez élevé dans le fisc du Dauphiné et de la
Provence. Elle est intitulée : *Bizarre peinture de quelques montagnes de Savoye.* Écrivant à une dame et se
plaignant de ses rigueurs, l'auteur la compare aux glaces
dont il se trouve entouré :

« Dans le désespoir, lui dit-il, où vous m'aviez mis en vous quittant,
j'avois juré de me précipiter dans le premier lieu commode. Cependant,
depuis quinze jours, j'ay monté et descendu les plus dangereuses montagnes de Savoye, j'ay passé sur les bords de mille précipices, et jusqu'icy je ne me suis point précipité. Je vous dirois bien que mes affaires
m'en ont ôté la mémoire, mais il ne faut pas vous tromper. Le plaisir de
voir vostre portrait en ce pays affreux m'a toujours retenu quand j'ay
pensé à m'acquiter de ma promesse..... Enfin, Madame, je voy icy cinq
montagnes qui vous ressemblent comme si c'estoit vous-même ... Cinq
montagnes, Madame, qui sont de glace toute pure depuis la teste jusqu'aux pieds, mais d'une glace qu'on peut appeller perpétuelle. On sçait
icy par tradition qu'elle est glace depuis la création du monde. Les feux
de cinq à six mille canicules, ny les eaux du déluge universel, n'ont
pas eu la force de la fondre, si ce n'est en quelques endroits où l'on
trouve souvent du cristal et des pierres précieuses. Mais pour dire vray,
il est dangereux de les y chercher. Les curieux et les avares y sont
souvent accablez en esté sous la ruine des neiges qui s'éboulent. On m'en
a montré quelques-uns qui sont morts enchassez dans les glaces, et
leurs parens, pour leur consolation, disent que l'art ne pouvoit pas leur
faire un tombeau si pompeux et si brillant que celuy qu'ils ont receu de
la nature. Au reste, Madame, rien n'est si magnifique que ces montagnes, quand elles reçoivent les rayons du soleil : les faces différentes, que
la nature bizarre a données à leurs glaces, rendent les lumières de ce
bel astre en tant de façons qu'il semble qu'on y voit un million de so-
leils de couleurs différentes..... » [1]

Malgré l'intérêt que présente l'exhumation de ce témoignage du XVIIme siècle, l'excursion de Windham, en
1741, et celle de Martel, en 1742, demeurent les plus

[1] *Les nouvelles œuvres de Monsieur Le Pays.* Amsterdam, 1674, in-12° ; 2me
part., p. 124 et suiv.

anciens voyages de *touristes* aux glaciers de Chamonix, sur lesquels on ait des détails circonstanciés,[1] grâce aux deux relations qui en ont conservé le récit. Ce fut par Léonard Baulacre que la nouvelle de ces expéditions se répandit en dehors de Genève. On sait que ce bibliothé-caire studieux envoyait aux gazettes littéraires de son temps, notamment à celles qui paraissaient en Suisse et en Hollande, de nombreux articles sur des sujets très variés d'histoire, de littérature et de critique sacrée. En mai et juin 1743, le *Journal helvétique*, qui se pu-bliait à Neuchâtel, inséra deux lettres adressées à son directeur, par Baulacre, sur les glacières de Savoie. La première débute ainsi :

« Monsieur, on vous a dit que l'on voyait à Genève, depuis une année ou deux, quelques relations manuscrites de différents voyageurs qui ont eu la curiosité d'aller examiner, dans le Faucigny, cette portion des Alpes qu'on appelle les *glacières*..... Vous jugez bien que l'on ne parvient pas sans peine dans des lieux aussi escarpés. C'est ce qui fait que vous aimez mieux vous en tenir à lire ce qu'on a écrit là-dessus que de faire le voyage, et je trouve que vous avez raison. Vous me demandez la copie de deux différentes relations qui ont paru là-dessus dans notre ville. Il y aurait beaucoup à transcrire ; je suis un peu paresseux et je n'ai point de secrétaire à ma disposition. Vous vous contenterez donc, s'il vous plaît, d'une espèce d'extrait de ces deux écrits. Je tâcherai de refondre le tout ensemble et de vous en rapporter au moins l'essentiel. C'est là le moyen d'être court et de vous épargner l'ennui de lire deux fois la même chose. La première de ces relations est de M. Windam, gentilhomme anglais, qui a demeuré quelques années à Genève... Une seconde troupe gene-voise a fait le même voyage l'année suivante, et nous en avons aussi une relation fort étendue. Ils avaient à leur tête un mécaniste expert, qui fait lui-même les instruments de mathématiques et qui les sait manier. Cette

---

[1] Windham atteste qu'avant lui des voyageurs étrangers étaient venus visiter les glaciers de la vallée ; mais, comme le dit très justement M. Durier, « Wind-ham a fait une chose que les autres n'ont pas faite, — c'est d'en parler. » (*Le Mont-Blanc*. Paris, 1877, gr. in-8°, p. 66).

dernière relation renferme toutes les observations que MM. les Anglais ne purent faire... » [1]

Ainsi, les relations de 1741 et 1742, dont la première fut rédigée par Windham, et la seconde par Pierre Martel, n'étaient pas imprimées au moment où Baulacre écrivait ; elles circulaient en copies manuscrites, et en fait, le texte original de ces deux récits, écrit en français, est demeuré inédit jusqu'à ce jour. Mais dès 1744, Pierre Martel, qui était allé s'établir à Londres, en fit imprimer une traduction anglaise, dans une mince brochure in-4° de II-28 pages, dont je reproduis ici le texte exact :

An ACCOUNT of the GLACIERES OR ICE ALPS IN SAVOY, In TWO LETTERS, One from an *English* Gentleman to his Friend at *Geneva;* The other from *PETER MARTEL,* Engineer, to the said [2] *English* Gntleman [sic]. Illustrated with a MAP, and two Views of the PLACE, &c. As laid before the ROYAL SOCIETY. *LONDON,* Printed for PETER MARTEL, And Sold by *W. Meadows* in *Cornhill;....* [Suivent les noms et adresses de cinq autres libraires]. MDCCXLIV. (Price One Shilling and Six-pence).

Les p. 1-12 comprennent la lettre de Windham, adressée au peintre Arlaud[3] et qui n'est pas signée par son auteur. *(A Letter from an english gentleman to Mr. Arlaud, a celebrated painter at Geneva, giving an account*

___

[1] Les deux articles de Baulacre figurent dans ses *OEuvres historiques et littéraires,* recueillies et mises en ordre par Ed. Mallet. Genève, 1857, 2 vol. in-8° ; t. I, p. 50-69.

[2] Haller *(Bibliothek der Schweizer-Geschichte,* t. I, 1785, n° 1479), et M. Studer *(Geschichte der physischen Geographie der Schweiz,* 1863, p. 318) ont omis ces quatre derniers mots, d'où pour Martel un faux air de « gentleman anglais. »

[3] Jaques-Antoine Arlaud, célèbre portraitiste, né en 1668, établi dès 1688 à Paris, où il devint peintre du Régent, revenu à Genève en 1729, mort dans sa campagne de Malagnou le 25 mai 1743 (et non en juin 1746, comme le dit M. Rigaud, *Renseignements sur les beaux-arts à Genève,* édit. de 1876, p. 119, 121).— Par une erreur assez plaisante, M. Forbes le qualifie *peintre de paysages.*

of a journey to the Glacieres, or Ice Alps in Savoy, written in the year 1741). La relation de Martel occupe les p. 13-28. *(An account of a journey to the Glacieres in Savoy, in a Letter addressed to the english gentleman, author of the foregoing letter, by P. Martel, Engineer).* Chacun de ces deux titres particuliers est suivi de la mention : *Translated from the French.*

La brochure anglaise de 1744 n'a pas échappé aux bibliographes du siècle dernier,[1] mais, par suite de sa rareté,[2] elle est demeurée pour ainsi dire inconnue aux historiens du Mont-Blanc. Depuis De Saussure[3] jusqu'à M. Stéphen d'Arve,[4] tous n'ont eu sous les yeux qu'un récit de seconde main, — l'abrégé succinct et parfois peu fidèle de Baulacre, — jusqu'à ce que M. Albert Smith eût réimprimé la traduction de la première relation, avec un fragment de la seconde, dans son ouvrage sur le Mont-Blanc.[5] C'est grâce à cette reproduction que des écrivains plus récents ou plus exacts, tels que M. Charles Durier, sont enfin arrivés à prendre connaissance, en anglais, de la relation complète de Windham, celle de Martel continuant à rester dans l'ombre. MM. James-D. Forbes[6] et Alphonse Favre[7] ont pu les analyser

[1] Voy. Haller, *loc. cit.*, qui, du reste, se trompe en indiquant la brochure comme tirée du *Journal helvétique,* « allein nicht wenig vermehrt. » — Cette méprise a été reproduite par M. Studer.

[2] Le British Museum en possède trois exemplaires, sous les n⁰ˢ B 476/1, T 19/5, et 43. g. 2 (ce dernier provenant de la bibliothèque du roi Georges IV). Je dois ce renseignement et plusieurs autres à la bienveillance de M. le Dʳ Ch. Rieu, conservateur des manuscrits orientaux du grand établissement de Londres.

[3] *Voyages dans les Alpes,* t. II (1788), § 732.

[4] *Les fastes du Mont-Blanc.* Genève, 1876, in-8°.

[5] *The story of Mont-Blanc.* London, 1853, in-8° — 2ᵉ édit., 1854. L'édition posthume que j'ai eue sous les yeux (London; Ward, Lock and Tyler) ne porte pas de date, mais doit être de 1860.

[6] *Topography of the Chain of Mont-Blanc,* article non signé dans la *North British Review,* n° 83, p. 137-157, (1865).

[7] *Rech. géolog. dans les parties de la Savoie, du Piémont et de la Suisse, voisines du Mont-Blanc,* 1867, t. III, p. 544-546.

toutes deux directement d'après la brochure même de 1744.

Quant au texte français des deux voyages, on pouvait le croire perdu, lorsque M. Ludovic Lalanne eut l'obligeance de me signaler à la Bibliothèque de l'Institut de France, dans les papiers de Pierre-Michel Hennin, deux pièces manuscrites où je reconnus aussitôt un exemplaire des copies qui circulaient à Genève du temps de Baulacre. Une comparaison attentive m'a permis de constater que pour le premier récit (celui de Windham), il existe entre l'original français et la version anglaise un certain nombre de différences : quelques-unes doivent provenir du copiste de Genève, mais la plupart peuvent être attribuées soit à l'auteur, soit à son éditeur, Pierre Martel. Le second récit, à en juger par le court fragment que M. Smith a reproduit, a subi de notables remaniements au moment de sa publication en anglais ; ce fut alors que Martel lui donna la forme d'une lettre adressée à Windham.

Pierre-Michel Hennin, mort en 1807, avait été résident de France à Genève de 1765 à 1778. C'était un amateur d'art et de littérature, et l'on s'explique aisément qu'il ait eu soin de recueillir les deux relations de 1741-42, car la bibliographie des voyages fut de sa part l'objet de recherches étendues[1] et la question des glaciers l'intéressait tout particulièrement. Le traducteur des Lettres de William Coxe sur la Suisse, L.-F. Ramond, nous apprend en effet[2] que, parmi les expériences faites de son temps pour étudier la progression des glaciers, l'une des plus décisives fut due à Hennin. D'autre part, les récits de Windham et de Martel existaient encore, au

[1] Voy. la *Notice* (p. xxvj) qui est en tête de la *Correspondance inédite de Voltaire avec P. M. Hennin*. Paris, 1825, in-8°).
[2] T. II, p. 114, n. 14 (Paris, 1782, 2 vol. in-8°.)

bout de trente ans, « entre les mains de quelques curieux de Genève; » c'est André-César[1] Bordier qui l'atteste, en 1773, dans la préface de son *Voyage pittoresque aux glacières de Savoye.*[2] Hennin put donc aisément en faire prendre ou s'en procurer une copie.

M. Smith ayant réimprimé, pour les lecteurs de la Grande-Bretagne, la traduction anglaise de la relation de Windham, il y avait convenance à mettre également à la portée du public français le récit simple et véridique[3] de ces deux excursions dans la langue où il a été écrit, ne fût-ce que pour débarrasser le terrain des détails romanesques accueillis et propagés par la tradition.[4]

Avant de reproduire les deux pièces de la collection Hennin,[5] je dois donner quelques détails sur les personnages qui composaient la caravane des Anglais et celle des Genevois.

[1] Et non *Louis-César*, comme l'appellent M. Studer (*op. cit.*, p. 418), et, d'après lui, M. Mont (*Les pionniers du Club Alpin*, Lausanne, 1875, p. 139).

[2] L'initiale B. désigne seule le nom de l'auteur sur le titre de ce volume, ce qui l'a souvent fait attribuer à Bourrit. M. Ch. Durier m'écrit à ce sujet : « Cette méprise est bien étonnante. Lorsqu'on connaît les ouvrages de Bourrit, il suffit de lire une page de celui de Bordier pour apprécier la différence. Voyez, par exemple, à la p. 284, cette jolie observation : *Dans les voyages, d'abord on a trop d'idées, puis on n'en a pas assez.* Comme cela est bien dit et finement pensé! Jamais Bourrit n'aurait trouvé chose semblable. » Au reste, le *Voyage* de Bordier eut du succès au moment de sa publication, car il fut traduit en anglais, en hollandais, et deux fois en allemand, par J.-G. Lederer, Nuremberg, 1775, in-8°, et par H.-A.-O. Reichard, Gotha, 1775, gr. in-8°; dans cette dernière version, Bourrit est indiqué comme auteur de l'original (Haller, t. I, n° 1485). Oublié depuis lors, ce livre a fixé de nouveau l'attention, dans ces dernières années, grâce aux vues de Bordier sur la formation des glaciers. (Voy. en particulier J. Tyndall, *Les glaciers et les transformations de l'eau*, Paris, 1873, p. 153-154, 158).

[3] On remarquera la conclusion aussi modeste que sensée de Windham : « Les habiles gens, dit-il, feraient bien des choses que nous n'avons pas faites. Tout le mérite que nous pouvons prétendre, c'est d'avoir frayé le chemin à quelques curieux. »

[4] Voy. les auteurs cités par M. Ch. Durier. (*Le Mont-Blanc*, p. 63).

[5] M. Ludovic Lalanne a bien voulu collationner les épreuves sur le manuscrit. Je lui en exprime ici toute ma reconnaissance.

Une note, qui ne se retrouve pas dans l'original français du premier récit, mais qui a été ajoutée à la traduction de 1744 et a passé de là dans les ouvrages de MM. Alb. Smith et Ch. Durier, énumère les sept Anglais qui accompagnaient Windham, « à savoir, lord Hadinton, l'honorable M. Baltie, son frère, et MM. Chetwynd, Aldworth, Pococke, Price et Stillingfleet. » Le docteur Richard Pococke est bien connu par ses voyages en Orient; né en 1704 à Southampton, il mourut en 1765, évêque de Meath, en Irlande. Robert Price,[1] fut le père de sir Uvedale Price, auteur de plusieurs écrits sur la théorie des beaux-arts. « Mr. Aldworth, » appelé par M. Forbes, « Mr. Aldworth[2] Neville, » serait l'ancêtre des barons Braybrooke. Enfin Benjamin Stillingfleet, petit-fils d'un théologien distingué du XVIIe siècle, fut un zélé propagateur de la méthode de Linné et cultiva aussi la poésie et la musique. Né, comme Pococke, en 1704, mort en 1771, il était le gouverneur de Windham, et c'est à son biographe, W. Coxe,[3] que M. Forbes a pu emprunter quelques détails sur le chef de la petite expédition, William Windham, de Felbrigg dans le comté de Norfolk, père de l'homme d'État[4] qui fut le contemporain et le collègue de Pitt.

[1] Robert Price, esq., de Foxley, dans le comté de Hereford, marié en juin 1746, mort en 1761. (John Burke, *Dictionary of the peerage and baronetage of the british empire*, 4e édit., 1834, t. II, p. 322). C'est lui qui dessina la vue de la Mer de glace, jointe à la brochure de 1744.

[2] *Aldborough*, lit-on dans l'article de M. Forbes, p. 139, mais ce ne peut être qu'une faute d'impression. (Voy. Burke, t. I, p. 141). — « Mr. Alzwod » ou « Alzwot » habitant encore Genève trois ans plus tard. Les Registres du Conseil (vol. 244, p. 373, 374, 376) le mentionnent, les 5 et 9 octobre 1744, avec d'autres Anglais, « milord How, et les chevaliers Ward et Kine. »

[3] *Literary life and select works of Benjamin Stillingfleet*, 1811. D'après ce livre (p. 80), que je n'ai pas eu moi-même sous les yeux, la relation du voyage aurait eu « pour auteurs principaux M. Windham et M. Price, aidés de M. Stillingfleet. »

[4] William Windham, né 1750, † 1810. Son journal a été publié par Mme H. Baring. (*Diary of W. Windham*. Londres, 1866, in-8°). — Voy. la Revue Britannique, juillet 1866, p. 69-84.

On le représente comme élancé de taille, d'une consti-
tution vigoureuse, et si passionné pour les exercices du
corps qu'il était connu à Londres sous le nom de
« Windham le boxeur.[1] » Sous les dehors d'un homme
du monde, il cachait une instruction solide ; connaissant
plusieurs langues, il put écrire en français sa relation
de voyage. « S'il avait vécu un siècle plus tard, ajoute
M. Forbes, il eut été infailliblement le premier président
de l'*Alpine Club*. »

A ces renseignements, qui ont été en partie reproduits
par M. Alph. Favre[2] et par M. William Longman,[3] on
peut ajouter que Windham suivit la carrière militaire
et parvint au grade de colonel. Il quitta Genève vers le
temps de l'expédition de Martel.[4] A la date du 30 septembre 1740, un contrat de mariage avait été passé entre
« N° William Windham, escuier, de Felbrigg, dans la province de Norfolk, de présent en cette ville [de Genève], fils

---

[1] Les biographes disent aussi de son fils, le ministre de la guerre, qu'il aimait
ardemment « les luttes des boxeurs et les combats d'animaux, » ce qui ne l'em-
pechait point d'être amateur des lettres et orateur accompli, en même temps
qu'habile administrateur.

[2] *H.-B. de Saussure et les Alpes. Fragments tirés de documents en partie
inédits.* (*Bibliothèque universelle*, décembre 1869, p. 476-577).

[3] *Modern mountaineering and the history of the Alpine Club.* Chapt. I. (*Alpine journal*, febr. 1877, p. 3-4).

[4] Un infatigable compilateur du siècle dernier, François Rocca, qui fut com-
missaire général (soit gardien des Archives), a transcrit dans un de ses recueils
de notes une longue lettre écrite le 9 mars 1743 par Jaques-François De Luc
« à M. Windham, chevalier anglois, à présent demeurant à Londres et fils du
député au Parlement. » Cette missive est relative au secours de troupes suisses
que les Conseils de Genève avaient demandé en janvier 1743. En marge de sa
copie, Rocca a écrit ces mots au sujet de Windham : « C'est un jeune homme
de 24 à 25 ans, qui a demeuré quelques années à Genève et qui a beaucoup
de génie et de lumières..... Il en est parti au mois d'août 1742 pour s'en retourner à Londres. » (Bibl. de la Soc. d'histoire, Mss., vol. 119). Rocca se
trompe en prenant Windham pour le fils du membre de la Chambre des Com-
munes, sir William Wyndham, bien connu comme l'un des adversaires de
Walpole. Il n'y avait aucune parenté entre leurs deux familles. (Voy. Burke,
op. cit., t. I, p. 429, article *Egremont*).

de Ashe Windham et de défunte dame Elizabeth Windham,[1] — et D^{lle} Elizabeth, fille de N° Jacob De Cha-
peaurouge, seigneur ancien premier syndic, citoyen, et
de dame Sara Saladin.»[2] Toutefois, divers indices me portent à croire que ce projet de mariage ne fut pas mis à
exécution.

Lord Haddington,[3] mentionné dans les Registres du
Conseil le 31 décembre 1740,[4] partit de Genève à la même
époque que Windham.[5] Plusieurs documents attestent
qu'il y avait alors dans cette ville toute une petite co-
lonie d'Anglais, venus en général pour y achever leur
éducation et qui paraissent avoir été en bons termes avec
les autorités de la République.[6]

Quant aux Genevois qui, séduits par les récits de
Windham, prirent part au second voyage (1742) et qui
nous touchent naturellement de plus près, la relation les

---

[1] Il y a dix ans, cette famille était représentée par « sir Charles Ashe Windham, commandeur de l'ordre du Bain et lieutenant-général, quatrième fils de
feu le vice-amiral William Windham, de Felbrigg Hall, Norfolk. » (Dod, *Peerage
for* 1869, p. 634).

[2] Minutes de Georges Grosjean, notaire, vol. XVII, p. 570²-570⁵.

[3] Thomas Hamilton, 7° comte de Haddington, succéda à son grand-père
Thomas Hamilton, 6° comte de Haddington, en 1735 ; marié deux fois (1750,
1786), il mourut en 1794. (John Burke, *op. cit.*, t. I, p. 559).

[4] « M^r. le Premier [Syndic] a raporté que Milord Adington vint hier lui faire
visite pour lui porter des plaintes de ce que M^r. le Lieutenant avoit fait assigner
son domestique à l'audience ; qu'il lui donna des éclaircissements dont Milord
Adington parut content, en sorte qu'il dit qu'il s'en remettroit à ce que le Ma-
gistrat ordonnera pour la police. » (Reg. du Conseil, vol. 240, p. 510).

[5] Le 6 août 1742, deux habitants de Genève achetèrent « ensemblement de
Monsieur le Milor Hadinton » ses meubles, hardes, linges et effets. (Voy. un
acte du 15 janvier 1743, dans les minutes de Marc Fornet, notaire, vol. LXIX,
f°. 11 v°.)

[6] « On a rapporté que Mrs les gentilshommes anglois prioient le Conseil de
vouloir aller à la comédie qu'ils doivent représenter.» (Reg. du Conseil, vol. 240,
p. 51 ; 15 janvier 1740). Il y eut, plus tard, quelques plaintes contre ces jeunes
gens, à l'occasion de dégâts commis à la chasse, de batteries et d'excès divers.
(Reg. du Conseil, 25, 26 et 29 mai, 1er juin, 5 et 9 octobre 1744 ; 20 janvier,
9 février et 28 mars 1745).

désigne comme suit :[1] « Pierre Martel, mathématicien ;
Etienne Martin', très habile artiste ; Chevalier, orfèvre ;
Giraud-Duval et un étranger nommé M. Roze, botaniste.[2] »
J'ai fait des recherches pour constater l'identité de ces
aventureux touristes, pensant que les membres de la
Section genevoise du Club alpin suisse trouveraient quelque intérêt à cette recherche en paternité ; mais je n'ai
presque rien trouvé, sauf pour Martel, le chef de l'expédition. L'orfèvre Chevalier devait être probablement Etienne
Chevalier (fils de Jacques), « citoyen et maître orfèvre, »
âgé alors de soixante ans, qui avait épousé, en 1710,
Elisabeth Laval, sœur d'Etienne-Abel Laval, ministre du
St-Evangile, habitant à Dublin en 1729,[3] et plus tard pas-
teur à Londres.[4] « Giraud-Duval » était « Pierre Girod,
bourgeois de cette ville, marchand épicier, fils de défunt
Sr Etienne Girod et de Dlle Andrienne Girod, » qui, né en
1709, s'était allié en 1737 à « Dlle Jeanne, fille de Sr
Abraham Duval, citoien de cette ville, marchand horlo-
geur, et de Dame Marie Cusin. »[5] Le « très habile artiste » Etienne Martin paraît avoir été, non un peintre,
comme on pourrait le supposer, mais un coutelier,[6] qui
dessinait sans doute en amateur les sites qu'il rencon-

---

[1] C'est par erreur que MM. Studer (p. 317) et Morf (p. 126) font figurer dans
cette expédition le savant Abauzit, mais il alla plus tard à Chamonix. (Voyez
ci-après p. 21, n. 5.)

[2] La traduction anglaise s'exprime un peu différemment et indique comme
composant l'expédition : « un orfèvre, très versé dans la connaissance des mi-
néraux ; un apothicaire, bon chimiste et bon botaniste ; M. Martin et M. Girod,
que vous connaissez [Martel s'adresse à Windham] pour être des curieux, ce qui
faisait une société assez bien qualifiée pour l'entreprise. »

[3] Minutes de Gaspard De Harsu, notaire, vol. I, p. 94 et suiv. — Minutes de
George Bordier, notaire, vol. I, p. 424.

[4] Minutes de J.-L. Delorme, notaire, vol. XVIII, p. 162-166 (1751).

[5] Id., vol. I, p. 88, contrat de mariage du 19 avril 1737. — Cf. J.-B.-G. Galiffe, *Notices généalog.*, t. IV, p. 299.

[6] Marié en 1713 avec Marguerite Conte et mort en 1753, à l'âge de 70 ans.

trait sur sa route. Je ne sais rien de M. Roze, « étranger
et botaniste. »[1]

Pierre (soit Pierre-Guillaume) Martel nous arrêtera
plus longtemps. Senebier[2] le fait naître à Genève, en
1718[3] : en réalité, c'est à Lausanne[4] qu'il avait vu le
jour, en 1701 ou 1702;[5] son père, Jean Martel,[6] réfugié
français, s'établit à Genève peu de temps après. En
1723, Pierre-Guillaume est mentionné pour la première
fois :[7]

« *Gratification à Martel, pour sa machine.* — Monsieur le sindic de la
garde, lit-on dans les Registres publics, a fait voir au Conseil un planis-
fère, avec un bord d'environ demi-pied de hauteur, rempli de nombre
de cercles et de machines qui représentent le mouvement des planètes,
selon les différens systèmes de Ptolémée et de Copernic, composé par un

[1] C'était peut-être un parent de « M. Jean-Pierre Rose, bourgeois d'Annecy,
chirurgien-major de vaisseaux, dûment admis par Son Altesse sérénissime
le duc de Penthièvre, grand-amiral de France, ci-devant habitant au quar-
tier de l'Artibonite, côte et isle de St-Domingue en Amérique, fils de feu
M. Jean-Pierre Rose, » lequel, étant « de retour dans sa patrie depuis quelques
mois », acheta, le 13 février 1779, de N° Léonard Buisson, ancien syndic, un
domaine, « situé aux territoires de Crevins, Bossey et lieux voisins, » pour le
prix de 59,280 livres de France. (Minutes de Ch.-G. Flournois, notaire, vol.
XXIX, p. 556-565.)

[2] *Histoire littéraire de Genève* (1786), t. III, p. 221.

[3] Un Pierre Martel naquit bien le 30 novembre 1718, mais c'était un frère de
notre Pierre-Guillaume. Il ne vécut que dix mois. — Un autre Pierre, fils de feu
Jean Martel, de Die en Dauphiné, lanternier, fut reçu habitant de Genève le 19
décembre 1710 (Reg. du Conseil, vol. 209, p. 287).

[4] Les registres de l'ancien état civil de Lausanne offrant beaucoup de lacunes
pour les années 1688-1732, on n'a pas pu retrouver l'acte de naissance de P.-G.
Martel. (Communication de M. l'archiviste cantonal A. de Crousaz.)

[5] En janvier 1727, il avait vingt-cinq ans. (Voyez le registre du Conseil, vol.
226, p. 48-49, et les pièces auxquelles il renvoie.)

[6] Jean Martel, fils de Jean Martel, de Nîmes, et de Judith Sabatier, eut à Genève, de 1703 à 1720, neuf enfants de sa femme Jeanne Lombard, décédée à
64 ans, le 23 mai 1747. Il épousa en secondes noces, à Chêne, le 12 mai 1748
(contrat du 3 mai, Marc Vignier, not., vol. X, f° 49-50) Marie Saussine, originaire d'Alais, et mourut le 23 mars 1749, âgé de 73 ans. (Reg. des décès).

[7] Reg. du Conseil, vol. 222, p. 157; 19 février 1723. — *Le Livre des entrées*
à la Bibliothèque publique (vol. de 1711 à 1726, p. 206) enregistre le don du
planisphère à la date du 20 décembre 1722.

jeune homme nommé Martel, fils d'un cordonier, qui a beaucoup de talent pour le dessein et pour la mécanique, dont il a fait présent à la Bibliotèque. Sur quoi étant opiné, l'avis a été de lui faire une gratification de dix louis d'or pour l'encourager. »[1]

Le 25 janvier 1727, Pierre-Guillaume Martel épousa Jeanne-Françoise Rilliet[2] et, à la fin de la même année, le Conseil eut de nouveau à s'occuper de lui :[3]

« S⁰ *Guillaume Martel, maître de dessin.* — Monsieur le sindic Chouet a dit que le S⁰ Guillaume Martel, maître à dessiner, qui a levé le plan de la ville et des rues et de ses fortifications assés exact, dans le commencement de cette année, aprouvé par le S⁰ De la Ramière[4] et vu dans les Conseils, prie le Conseil de lui faire quelque gratification. Dont opiné, arrêté de lui donner quatre louis d'or de 11 l. 4 [s.]. »

Peu de temps après son voyage à Chamonix, Martel, encouragé sans doute par les Anglais dont il avait dû faire la connaissance à cette occasion, alla se fixer à Londres. On l'y voit en 1743, publiant un plan de Genève, devenu rare, puisqu'on ne le trouve dans aucune de nos collections publiques ou privées. M. le D⁰ Sieber, bibliothécaire de l'Université de Bâle, ayant bien voulu me communiquer l'exemplaire que Haller[5] signalait déjà comme se trouvant dans cet établissement, je puis en donner ici la description complète. Il mesure 64 ½ cent. de largeur sur 49 ½ de hauteur et porte ce double titre : « A PLAN of GENEVA with the Adjacent Parts. — PLAN de GENEVE avec ses Environs. » Entre ces deux désignations qui se suivent, en haut, sur une seule ligne, est placé

---

[1] Cf. Grenus, *Fragmens biogr. et histor.*, p. 267.
[2] Reg. des mariages. — Cf. J.-A. Galiffe, *Notices généalog.*, t. I, p. 302.
[3] Reg. du Conseil, vol. 226, p. 474 ; 17 décembre 1727.
[4] Ingénieur distingué, appelé par le Conseil, en 1715, pour diriger les travaux des fortifications. Il resta à Genève environ trente ans ; en récompense de ses services, on lui donna la bourgeoisie en 1721.
[5] T. I, (1785), n° 590.

l'écusson de Genève; un petit marteau a été dessiné dans la bordure, pour représenter en rébus le nom de P. Martel. Au bas du plan,[1] dont l'aspect général est élégant, se lit cette dédicace :

To The Right Honble.

FRANCIS GREVILLE

Lord Baron Brook &c.

This PLAN *is most humbly Dedicated by his Lordships*

Most Oblidged, humble serv[t].

Peter Martel.

Et au dessous :

P. Martel delin. — Publish'd According to Act of Parliament 1743. — J. Maurer excudit.

Dans les angles supérieurs se trouvent un « PLAN *de Geneve Ancienne* » et un « PLAN *de Geneve en 1715,* » tandis que les angles inférieurs sont occupés par les RE-FERENCES, soit renvois, au nombre de 67, indiquant les principaux édifices, etc. Les environs de la ville comprennent, en particulier, le Pré-l'Evêque, Malagnou, Champel, les Vernets, Plainpalais, St.-Jean, la Servette, Montbrillant et les Pâquis.

L'année suivante, Martel publiait les deux relations sur Chamonix, qui avaient fait l'objet d'une communication à la Société royale de Londres. Il accompagna sa brochure de deux planches,[2] dont la première, signée *R. Price delin. — Vivares sculpsit,* a pour titre : *View of y[e]. Ice Valley, & Mountains that Surround it, from Mount Anver.* La seconde, qui est l'œuvre de Martel,

---

[1] C'est à tort que Haller le trouve « très défectueux ». Il semble d'ailleurs avoir fait à ce propos une confusion dans ses notes, car la petite carte de Grenier (bailliages de Gex, de Ternier et de Gaillard) qu'il indique comme se trouvant au-dessous du plan, n'y figure point.

[2] Le titre de la brochure annonçait une carte (c'est le premier compartiment de la 2e planche) et deux vues (1re planche et second compartiment de la 2e).

est divisée en trois compartiments, savoir : 1. Le cours[1]
de l'Arve contenant le Plan des Glacieres de Chamouny
& des plus hautes Montagnes. — 2. Veûe de la Vallée de
Chamouny et des Glacieres, du costé meridional depuis
l'Eglise de Chamouny, pris sur les lieux, l'an 1742. —
3. Divers animaux qui habitent ces Montagnes. *a* Bouc-
quetin. *b* Chamois. *c* Marmotte.

On a vu qu'en 1743 Baulacre avait qualifié Martel de
« mécaniste expert, qui fait lui-même les instruments
de mathématiques, et qui les sait manier. » Un avis, in-
séré à la fin de la brochure anglaise, nous apprend quels
étaient, à Londres, ses moyens d'existence. En voici la
traduction : « M. Pierre Martel, de Genève,[2] ingénieur,
donne en français, soit chez lui, soit à domicile, des
leçons de géométrie, de trigonométrie, d'arpentage, de
fortification, d'artillerie, de mécanique et de plusieurs
autres branches des mathématiques, d'après les métho-
des les meilleures et les plus promptes ; il exécute aussi
avec un très grand soin les toisages, cartes et plans.
[Suivent son adresse et l'annonce du plan de Genève de
1743]. Il fabrique et vend des thermomètres de poche
ou autres, qui offrent, avec beaucoup de perfectionne-
ments, les différentes graduations de Farenheit, de Réau-
mur, de sir Isaac Newton, du Dr Hales et d'autres, dis-
posées de telle façon sur l'instrument qu'on peut aisément les comparer entre elles. »

La Bibliothèque de Genève possède un atlas in-folio

[1] Cette carte a été reproduite dans l'atlas (pl. XXIX, fig. 3) qui accompagne
les *Recherches géologiques* de M. Alph. Favre ; M. Forbes (article cité) en avait
déjà donné un fac-simile partiel. « Malgré de grossières erreurs, dit M. Favre
(t. III, p. 545), elle donne une idée assez juste des localités. »

[2] La désignation s'explique aisément. Sans posséder à Genève les droits de
cité, sans même y être né, Martel avait toujours vécu dans cette ville, où ses
parents étaient établis et où ses enfants, comme ses frères et sœurs, étaient
tous nés. Divers actes passés à Genève le qualifient lui-même, par erreur, de
natif.

2

oblong qui, outre les deux planches de la brochure sur
les glaciers, contient quinze plans de villes publiés par
Martel[1] durant son séjour à Londres. Plusieurs portent
la signature *R. Benning sculpsit*[2] et huit sont datés de
1744 à 1746. L'absence d'un titre général montre qu'il
s'agit d'un recueil factice. Ces plans sont les suivants :[3]

1. La Ville de Luxembourg.[4]
2. Turin (1746).
3. La Ville et Citadelle de Tournay (1745).
4. Coni (31 août 1744).
5. Petersburg (1746).
6. Le Fort Louis du Rhein (28 juillet 1744).
7. Carte et plan de Malte.
8. La Ville et Citadelle de Strasbourg.
9. La Ville et Port d'Ostende.
10. La Ville et les Fortifications de Fribourg, capitale
    du Brisgaw.
11. Mayence (1746).
12. Hambourg (1746).
13. Anvers (1746).
14. Dunkerque et ses Fortifications en l'année 1714.
15. Mons et ses environs.

Il est permis de supposer que la fortune ne souriait
guère plus à Pierre Martel sur le sol anglais qu'à Genève. A une époque qu'on ne saurait préciser, il quitta
Londres pour se rendre à la Jamaïque, où il mourut en
1761. Cette date est établie par des pièces[5] qui furent
rédigées à l'occasion de la succession de sa veuve, dé-

---

[1] Trois d'entre eux (nᵒˢ 7, 14, 15) ne portent pas son nom, mais doivent
évidemment lui être attribués.

[2] Nᵒˢ 1, 5, 7, 9, 12, 13, 14.

[3] J'ajoute les numéros d'ordre : ils ne se trouvent pas sur les planches.

[4] Les titres, abrégés ici, sont tantôt en français, tantôt en anglais.

[5] Elles sont annexées, en partie, à un acte du 4 octobre 1776 (minutes d'E-
tienne Fornet, notaire, vol. XLV, p. 227-232), et en partie au Registre du
Conseil (21 septembre 1776, vol. 277, p. 370).

cédée à Genève le 25 août 1772. Des six enfants que
Martel avait eus de son mariage,[1] quatre étaient morts
à Genève ; les deux autres, qui lui avaient été envoyés à
Londres en 1744, moururent peu de temps après l'avoir
accompagné à la Jamaïque.[2] En dehors du cercle res-
treint de ses proches parents ou alliés,[3] Martel n'avait
pas laissé à Genève des souvenirs bien durables : dès
1773, Bordier, qui le cite, l'appelle « un mathématicien
Anglois. »[4]

Mais il est temps d'en finir avec ces détails, dont on
me pardonnera la minutie, et de laisser la parole aux
voyageurs eux-mêmes. Accompagner leurs relations de
notes rectificatives eût été superflu, et l'on ne doit pas
oublier qu'elles sont publiées ici à titre de documents
historiques. Il suffira de rappeler que Windham, dans
son récit, ne mentionne pas le Mont-Blanc : l'ascension
dont il raconte les péripéties est celle du Montanvert, —
de ce Montanvert que soixante ans plus tard l'abbé De-
lille trouvait encore si *terrible*,[5] mais qui ne compte plus
aujourd'hui pour les touristes sérieux.

---

[1] De novembre 1727 à octobre 1739 (Reg. des baptêmes).
[2] Documents cités dans la note 5, page précéd.
[3] Voy. le testament de son beau-frère François Rilliet, du 23 octobre 1766,
dans les minutes d'Etienne Fornet, notaire, vol. XXXVI, p. 369-373.
[4] *Voyage pittoresque*, etc., p. 16.
[5] Salut, pompeux Jura, terrible Montanvert !
 De neiges, de glaçons entassements énormes,
 Du temple des frimas colonnades informes, etc.
                         (*L'homme des champs*, ch. III).

Relation d'un voyage aux glacières de Savoie

EN L'ANNÉE 1741

Par M. WINDAM, anglois.

La relation,[1] Monsieur, que vous avez souhaité que je vous fisse de notre voyage aux glacières, sera des plus simples; je ne chercherai point à l'embellir par de brillantes descriptions, quoique la beauté des vues et des situations que nous avons remarquées dans ces lieux peu fréquentés méritât bien d'être décrite par quelqu'un qui réunit[2] à une imagination poétique le goût de la peinture.

---

[1] Dans *le texte*, les phrases ou les expressions entre crochets [ ] sont celles que la version anglaise de 1744 a *supprimées*, tandis que, dans *les notes*, ce sont les mots que la même traduction a *ajoutés* ou *changés*: plusieurs de ces additions et modifications étant sans intérêt, je ne les ai pas toutes indiquées, et peut-être trouvera-t-on que j'aurais pu en passer davantage sous silence. — Depuis l'impression de ma notice préliminaire, j'ai eu sous les yeux un exemplaire de l'édition de 1744 : il appartient à la bibliothèque du Club Alpin de Londres et c'est grâce à l'obligeant intermédiaire de M. Ch. Durier qu'il m'a été communiqué. — La Société Royale de Londres en possède aussi un exemplaire (*Catalogue of the scientific books in the library of the Royal Society.* Londres, 1839, in-8°, p. 649.)

[2] [comme vous].

Je me bornerai donc à vous faire une relation fidèle de notre voyage. Je vous dirai tout uniment les observations que nous y avons faites, et j'y joindrai quelques petits avis qui pourront être utiles à ceux qui auront dans la suite la même curiosité que nous eûmes, et qui pourront avoir des avantages que nous n'eûmes pas pour faire des remarques plus exactes. Il est réellement dommage qu'une si grande curiosité[1] soit si peu connue, et quoique Scheutzer, dans son *Iter Alpinum*[2], fasse une description des glacières de la Suisse[3], il me paroît qu'il y a beaucoup de différence entre celles-là et celles de Savoie.

Il y avoit longtemps que je souhaitois de faire ce voyage, mais la difficulté de trouver de la compagnie m'avoit toujours fait le différer. Heureusement, au mois de juin 1741[4], il arriva à Genève un Anglois nommé Pocock, qui avoit déjà parcouru toute l'Egypte et le Levant.[5] Je lui fis part de ma curiosité, et lui, qui ne craignoit point un voyage pénible, témoigna beaucoup d'envie de le faire, de sorte que nous fîmes la partie. Quand nos autres amis la virent engagée, ils se joignirent bientôt à nous.[6]

[1] [qui est si près de vous].

[2] Windham veut parler ici de l'ouvrage de J.-J. Scheuchzer qui a pour titre: *Ouresiphoites helveticus, sive itinera per Helvetiæ alpinas regiones facta annis MDCCII-MDCCXI. Ludguni Batavorum*, 1723, 4 part. in-4°.

[3] [des glacières du canton de Berne].

[4] [au mois de juin dernier].

[5] [contrées qu'il a visitées avec beaucoup de soin. *Et en note :* Il a dernièrement publié un récit fidèle et agréable de ses voyages]. — Lors de son passage à Genève, Pococke alla voir Abauzit (*Notice* en tête des *OEuvres* de ce dernier, édition de 1770, tome I, p. xxiij.) — Pour compléter ce que j'ai dit plus haut (p. 13, n. 1), je dois ajouter ici qu'un autre biographe du philosophe (*OEuvres*, édition de 1773, t. I, p. xv) atteste qu'il visita «les glacières de Savoye» et qu'il en fit une carte. Bourrit dit également (*Nouv. descr. des glacières*, 1787, t. I, p. 4) qu'Abauzit (✝ en 1767, à 87 ans) alla à Chamonix avant De Saussure. On sait que ce dernier s'y rendit pour la première fois en 1760 (*Voyages dans les Alpes*, t. I, 1779, p. 357).

[6] [et je fus chargé de préparer tout ce qui était nécessaire pour notre départ].

Comme tout le monde assuroit qu'on ne trouveroit aucune des nécessités de la vie dans ce pays, nous prîmes avec nous des chevaux de bât, chargés de toute sorte de provisions de bouche et d'une tente, qui ne laissa pas de nous être utile, quoique la mauvaise idée qu'on nous avoit donnée de ce pays fût un peu outrée.[1]

Je m'étois pourvu de plusieurs instruments de mathématiques pour prendre des hauteurs et faire des observations, espérant que M. Willamson, gouverneur de Mylord Hadington et habile mathématicien, auroit été des nôtres; mais la crainte de la fatigue l'ayant fait abandonner la partie[2], je les laissai, à cause de la difficulté de les porter, n'y ayant d'ailleurs personne d'autre dans la compagnie si capable de diriger de telles entreprises.

Nous partimes de Genève le 19 juin 1741, au nombre de huit maîtres[3] et cinq domestiques, tous bien armés; nos chevaux de bât nous accompagnoient et cela nous donnoit tout l'air d'une petite caravane.

Nous ne fûmes ce jour-là qu'à la Bonneville, éloignée de quatre lieues de Genève, selon le calcul du pays, mais qui nous prirent six grandes heures pour les faire. Cet endroit est situé aux pieds du mont du Môle et au bord de l'Arve, entouré de hautes montagnes, couvertes d'arbres, et de belles prairies qui forment une situation très agréable. Il y a un pont de pierre assez beau, mais l'inondation[4] de la rivière en avoit emporté une partie. Nous trouvâmes l'auberge assez passable[5] aux lits près.

---

[1] [fût très exagérée].

[2] Malgré cette explication catégorique, Haller (t. I, n° 1478) et M. Longman (art. cité, p. 4) ont mis M. Williamson au nombre des voyageurs.

[3] [En note: A savoir, lord Hadinton, l'honorable M. Baillie, son frère, et MM. Chetwynd, Aldworth, Pococke, Price, Windham et Stillingfleet].

[4] [la dernière inondation]. — Ce débordement de l'Arve eut lieu les 20 et 21 décembre 1740. (Voy. les Registres du Conseil de Genève, à cette dernière date, vol. 240, p. 492).

[5] [pour la Savoie].

Le lendemain 20, nous partîmes de grand matin et traversâmes l'Arve. Nous continuâmes notre route entre l'Arve et les montagnes, ce qui nous fournissoit une diversité agréable de beaux paysages. On compte deux lieues jusqu'à Cluse, mais nous mîmes trois heures et demie pour faire ce chemin. Cluse est situé dans une gorge de montagnes qui se joignent dans cet endroit, laissant seulement un passage à l'Arve, qui est resserré[e] pendant plus d'une lieue par de hautes montagnes.

Avant que d'arriver à Cluse, il y a une espèce d'ermitage sur un rocher à droite, où nous grimpâmes pour découvrir la vue, qui est charmante; ensuite nous passâmes l'Arve sur un[1] pont de pierre.[2] Nous continuâmes notre marche pendant[3] une heure et demie par un chemin étroit entre l'Arve et des rochers d' . . hauteur prodigieuse, qui sembloient s'être fend . . . . . . donner passage à la rivière. Outre la beauté de la . . . , nous étions fort amusés par nombre d'échos et le retentissement que causoit le claquement du fouet ou les coups de pistolet, que nous tirâmes chemin faisant. Nous vîmes de tous côtés de belles cascades, qui tomboient du haut des rochers dans l'Arve. Il y en a une, entre autres, d'une grande beauté : on l'appelle le Nant d'Arpenas; c'est un gros torrent qui se précipite d'un rocher fort haut. Tous mes compagnons s'accordèrent à juger sa hauteur plus grande que celle de Salève;[4] pour moi, je n'en décide pas. La cascade de Terni[5] ne tombe pas de si haut à beaucoup près, à ce qui me parut, quoique, dans le temps que nous

---

[1] [beau].

[2] [d'une seule arche très grande].

[3] [environ].

[4] [En note : Le Salève est une montagne située à environ trois milles de Genève : sa hauteur approximative est de 1,600 pieds de France.] — Le manuscrit porte en marge : *montagne qu'on voit au sud-est de Genève.*

[5] La célèbre cascade *delle marmore*, à 8 kilom. à l'est de Terni (anciens États romains).

vîmes celle-ci, il n'y avoit pas une si grande nappe d'eau qu'à Terni. Les paysans nous assurèrent pourtant que, dans certaines saisons, l'eau y étoit beaucoup plus abondante qu'alors.

Après environ trois heures de marche depuis Cluse, nous arrivâmes au Pont St-Martin, vis-à-vis de Sallanche, qui est de l'autre côté de l'Arve. Nous n'y voulûmes pas entrer, mais nous campâmes dans une belle prairie, près du pont, pour y faire halte. [Notre voyageur Pocock avoit apporté avec lui, à notre insu, un habit arabe ; pendant que nous étions occupés à préparer quelque chose pour dîner, il s'en vêtit. Nous ne le connûmes pas au premier abord, mais aussitôt que nous vîmes qui c'étoit, nous mîmes sur le champ une sentinelle à la porte de la tente, et à tous égards nous agissions avec lui avec un respect particulier. Une scène si extraordinaire ne manqua pas de se répandre à Sallanche, où en moins de rien nous eûmes presque toute la ville pour nous voir, et leurs différentes conjectures nous amusèrent extrêmement. Cependant quelques dames de considération étant venues, nous leur avouâmes le badinage et décampâmes.[1]]

[2] Après quatre heures de marche par de très mauvais chemins, étant obligés de traverser de fort mauvais torrents, nous arrivâmes à un petit village nommé Servoz. Nos chevaux y souffrirent beaucoup, étant attachés au piquet toute la nuit, faute d'écurie, et, de plus, n'ayant point d'avoine, ni autre fourrage que de l'herbe nouvellement coupée. Pour nous, ayant apporté tout avec nous, nous fûmes bien et nous dormîmes tranquillement dans une grange, sur de la paille.

[1] C'est peut-être à cause des enjolivements de Baulacre que la traduction anglaise a supprimé le récit de la scène de Sallanches. D'autre part, M. Forbes (*art. cité*, p. 140), ne trouvant pas cette historiette dans le texte anglais et ignorant naturellement qu'elle fut rapportée dans l'original français, a révoqué en doute son authenticité.

[2] [De là, nous reprîmes notre voyage, et].

De là, nous nous mimes en marche dès la pointe du jour, et ayant traversé de nouveau l'Arve, sur un fort mauvais pont de bois, et grimpé et descendu une montagne très rude, où nous eûmes de la peine à faire passer nos chevaux, qui se déferroient à tous moments et dont quelques-uns faillirent à se précipiter dans l'Arve, qui passoit au bas du rocher, nous arrivâmes dans une vallée assez agréable, ou nous traversâmes l'Arve une quatrième fois sur un pont de pierre, et nous eûmes la première vue des glacières.[1] Nous continuâmes notre route jusqu'à Chamougny, qui est un village sur le bord[2] de l'Arve, dans une vallée, où il y a un prieuré dépendant des chanoines de Sallanches. Nous y campâmes[3] et, pendant que l'on préparoit des rafraîchissements, nous nous informâmes des paysans touchant les glacières. D'abord, ils nous en montrèrent les bouts, qui paroissoient dans la vallée et que nous voyions depuis le village, où ils sembloient des rochers blancs, ou plutôt des glaçons énormes formés par une eau qui découloit au bas de la montagne. Cela ne contentoit pas notre curiosité et nous trouvions que nous étions venus de trop loin pour en rester là.

Nous fîmes donc plusieurs questions à ces paysans, pour savoir si, en montant sur la montagne, on pouvoit découvrir quelque chose de plus. Ils dirent que oui,

---

[1] Le manuscrit porte cette note en marge : *Il y a erreur ici, à moins qu'il ne soit survenu de grands changements.*

[2] [le bord nord].

[3] Ceci est corroboré par le témoignage de Bourrit, qui dit à propos des voyageurs de 1741 : « Quelques personnes de Chamouni se rappellent encore de les avoir vus sous des tentes, dans une prairie tout près de l'Arve, faire une garde très exacte à l'entour de leur petit camp. » (*Description des glacières, glaciers et amas de glace du duché de Savoye*, 1773, p. 5.)— Voy. aussi H.-B. de Saussure, *Voyages dans les Alpes*, § 732. — Dès lors, il n'y a pas à tenir compte de la tradition qui fait loger Windham et ses compagnons « dans un petit cabaret tenu par Jean-Pierre Tairraz. » (W. Longman, *art. cité*, p. 4.)

mais la plupart nous firent la chose très difficile et très pénible. Ils nous dirent que personne n'y alloit que les chercheurs de cristaux ou ceux qui chassoient les bouquetins[1] et les chamois, que tous les étrangers qui étoient venus à Chamouny[2] s'étoient contentés de voir ce que nous voyions. Un bon vieillard, prieur du lieu, qui nous fit mille politesses, nous dissuada fort d'aller plus haut.

[1] [*En note :* Les bouquetins sont des animaux passablement plus grands, m ils moins velus, que les chèvres ; voy. planche 4,[*] lettre *a*. Ils vivent sur les plus hautes montagnes et n'en descendent que fort rarement ; aussi, leur chasse présente-t-elle du danger et de réelles difficultés. Très courageux, ils font usage de leurs longues cornes pour se défendre quand ils sont attaqués, et très rusés, ils sentent le chasseur de loin, grâce au vent. Lorsqu'on les poursuit, ils franchissent d'un bond des espaces incroyables et, si on les serre de près, ils s'élancent dans des précipices profonds, en tombant sur leurs cornes, de façon à amortir la chute et à ne pas se blesser eux-mêmes. L'extrémité de leur sabot ou de leurs ongles est si tranchante et si dure qu'on peut en voir la marque sur des pierres. On regarde leur sang comme un remède souverain pour les maladies pleurétiques, et on croit que cette propriété est due aux plantes dont ils se nourrissent dans les montagnes, en particulier à une plante qui, dans la langue du pays, se nomme *génépi*. — Le chamois[**] est une sorte de chèvre, mais c'est un animal plus fort (voy. pl. 4,[*] lettre *b),* qui se tient sur les hauts sommets des Alpes et aime à lécher certains rocs, formés d'une pierre tendre et friable, de la nature du sel. C'est là que les chasseurs vont le chercher et le surprendre, ce qui ne laisse pas que d'être très difficile, car une troupe de chamois a toujours quelques-uns des siens postés en sentinelle sur des points élevés : à la moindre alerte, ils donnent l'alarme en faisant du bruit ; aussitôt les autres s'enfuient dans des précipices, où il est impossible de les suivre. Parfois, la chasse devient dangereuse, non seulement à cause des escarpements rocailleux qu'il faut gravir, mais encore parce que souvent le chasseur poursuit l'animal jusque dans quelque étroit passage, où il n'y a place que pour le pied d'une seule personne : d'un côté est une paroi de rochers, de l'autre, un précipice effrayant. Alors le chamois, n'ayant plus d'issue pour fuir, est obligé de se retourner vers le chasseur et s'efforce, ou de sauter par-dessus lui, ou de passer entre la montagne et l'homme, en poussant celui-ci dans le précipice : le chasseur n'a d'autre parti à prendre que de se coucher à terre, ou de conserver de force sa place en jetant la bête au fond de l'abîme. — C'est avec les cornes de cet animal qu'on garnit généralement le bout des petites cannes en roseau dont se servent les dames, et de sa dépouille on fait la véritable peau de chamois.]

[*] Soit pl. 2, compartiment 3.
[**] Comp. l'*Etat et les Délices de la Suisse*, 1730, t. I, p. 48-50.

[2] [que tous les voyageurs qui jusqu'ici étaient allés aux glacières].

Il y avoit d'autres personnes qui nous représentoient la chose comme fort facile, mais nous nous apercevions bien qu'ils comptoient qu'après être convenus avec eux pour nous servir de guides, nous nous lasserions bientôt, et qu'ils gagneroient leur argent aisément. Cependant notre curiosité l'emporta et nous confiant en nos forces et en notre courage, nous résolûmes d'entreprendre de monter la montagne. Nous prîmes plusieurs paysans, les uns pour nous servir de guides et les autres pour porter du vin et quelques provisions. Ces gens-là étoient si persuadés que nous n'en viendrions pas à bout qu'ils prirent avec eux des chandelles et des instruments pour battre le feu, en cas qu'accablés de lassitude nous fussions obligés de passer la nuit à la montagne.

Pour éviter que ceux d'entre nous qui étoient les plus lestes et les plus en haleine ne fatiguassent les autres à force de se presser, nous fîmes une règle pour la marche, que personne ne devroit devancer un autre, que celui qui tiendroit la tête eût à marcher d'un pas lent et réglé, que quiconque se sentiroit las et étouffé pourroit demander une halte et qu'enfin, quand nous trouverions quelque source, nous eussions à boire du vin mêlé avec de l'eau et remplir d'eau les bouteilles que nous avions avec nous pour servir à une halte.[1] Ces précautions nous furent si utiles que peut-être, si nous ne les avions pas observées, les paysans ne se seroient pas trompés dans leurs conjectures.

Nous nous mîmes en marche à midi du 22 juin et nous traversâmes l'Arve sur un pont de bois. La plupart des cartes marquent les glaciers du même côté que Chamoigny, mais elles se trompent. Nous fûmes bientôt au pied de la montagne et nous commençâmes à monter par un sentier extrêmement rapide, à tra-

---

[1] [à une autre halte où nous n'en trouverions pas].

vers un bois de sapins et de larches.[1] Nous faisions
souvent des haltes, pour nous reposer et pour reprendre
haleine, mais nous ne laissions pas de monter avec dili-
gence. Après avoir passé le bois, nous vînmes à une espèce de prairie, pleine de grosses pierres de roche qui
s'étoient détachées de la montagne. La montée étoit si
rapide qu'il nous falloit quelquefois nous accrocher avec
nos mains et nous servir de bâtons ferrés pour nous sou-
tenir. Notre chemin alloit en biaisant, et nous eûmes à
traverser plusieurs endroits où les avalanches[2] de neige
étoient tombées et avoient fait un dégât affreux. Ce n'étoit
qu'arbres déracinés et de grosses pierres qui sembloient
ne tenir à rien. A mesure que nous posions les pieds,
tout s'écrouloit.[3] Rien ne nous empêchoit de voir jusqu'au pied de la montagne, et la rapidité de la pente,
jointe à la hauteur où nous étions, faisoit un spectacle
affreux et capable de faire tourner la tête à la plupart
des gens. Enfin, après quatre heures trois quarts de marche très-pénible, nous nous trouvâmes au sommet de la
montagne, d'où nous jouîmes de la vue des objets les
plus extraordinaires.

Nous étions sur le sommet d'une montagne qui, à ce que
nous pouvions juger, étoit au moins deux fois de la hauteur de Salève. De là, nous avions une pleine vue de la
glacière. Je vous avoue que je suis extrêmement embar-
rassé à vous en donner une idée juste, ne connaissant, de

[1] *Sic*, pour *mélèzes*, en anglais *larch*.

[2] [*En note :* Avalanches. Pour faire comprendre la signification de ce terme,
je crois qu'il y aura quelque intérêt pour le lecteur à tirer des *Délices de la
Suisse* les passages suivants, qui offrent des particularités curieuses sur ces
contrées montagneuses du globe. (Suit, en quatre colonnes, la traduction d'un
long fragment, qui, dans *L'État et les Délices de la Suisse*, édition d'Amsterdam,
1730, occupe les p. 36-44 du t. I, depuis : « Outre ces montagnes... » jusqu'à :
.....« du moins pour la plupart. »)]

[3] [La neige mêlée à la terre nous faisait glisser : sans nos bâtons et nos mains,
nous aurions pu mainte fois rouler dans le précipice].

tout ce que j'ai encore vu, rien qui y ait le moindre rapport. La description que donnent les voyageurs des mers
de Groenland me paroît en approcher le mieux. Il faut
s'imaginer le[1] lac agité d'une grosse bise et gelé tout
d'un coup; encore ne sais-je pas bien si cela feroit le
même effet.

La glacière consiste en trois grandes vallées formant[1]
un Y dont la queue va jusqu'à la Val-d'Aoste, et les
deux cornes viennent jusqu'à la vallée de Chamouny
(Chamoigny).[3] L'endroit où nous sommes montés étoit
entre ces deux cornes, d'où nous voyions en plein la
vallée qui forme une de ces cornes.

J'avois malheureusement oublié[4] ma boussole,[5] de
sorte que je ne pus bien m'orienter par rapport à la situation de la glacière, mais je la crois à peu près du
septentrion au midi. Ces vallées, quoiqu'au sommet d'une
haute montagne, sont environnées d'autres encore plus
hautes, dont les rochers arides et escarpés s'élèvent
d'une hauteur immense, ressemblant en quelque façon à
des bâtiments[6] d'architecture gothique, [et qui nous paroissoient infiniment plus hauts que la montagne où nous
étions]. Il n'y croît rien, la neige y reste toute l'année
et nos guides nous assurèrent que les chamois, ni les
oiseaux n'alloient pas jusqu'au sommet.

Les chercheurs de cristaux vont, dans le mois d'août,
au bas de ces rochers et frappent sur le roc avec des
pics. S'ils entendent résonner, comme s'il y a un creux,

---

[1] [votre].

[2] [une sorte d'Y].

[3] Ici la note suivante en marge du manuscrit : *Ceci n'est pas exact : la grande
branche de cet Y doit être celle qui va au Mont-Blanc, et la branche qui descend
dans la vallée de Chamoigny doit être plus courte que celle qui va à la Val-d'Aost.*

[4] [à Chamoigny].

[5] [de poche].

[6] [ou des ruines].

ils travaillent et ouvrent le roc : ils trouvent des cavernes
pleines de cristallisations. Nous aurions souhaité d'y aller,
mais la saison n'étoit pas encore assez avancée ; les neiges n'étoient pas encore assez fondues.

Tant que notre vue pouvoit s'étendre, nous voyions
cette vallée. La hauteur des rochers qui l'environnoient
rendoit impossible d'en décider la largeur, mais je crois
qu'elle doit être de près de trois quarts de lieue. Notre
curiosité ne se borna pas là ; nous voulûmes descendre
jusque sur la glace. Nous avions bien 400 pas [1] à descendre.
La descente étoit extrêmement rude, d'une terre sèche
entremêlée de gravier et de petites pierres, qui ne nous
donnoient point d'appui fixe pour nos pieds, de sorte que
nous descendîmes moitié en tombant, moitié en glissant
sur nos pieds et nos mains. Nous fûmes sur la glace :
cela ne nous étoit pas difficile. La glace étoit extrêmement raboteuse.[2] Nous y trouvâmes une quantité de fentes[3]
infinie ; nous en pouvions enjamber quelques-unes, d'autres avoient plusieurs pieds de largeur. Ces fentes étoient
si profondes que nous n'en pouvions pas même voir le
fond. Souvent les chercheurs de cristaux s'y perdent ; on
retrouve au bout de quelque temps leurs corps [sur la
glace] tout-à-fait conservés. Tous nos guides nous assurèrent que ces fentes changent continuellement et que
toute la glacière a un certain mouvement. En montant,
nous entendîmes souvent comme des coups de tonnerre
que nos guides nous assurèrent être de nouvelles fentes
qui se faisoient, mais il ne s'en fit point pendant que

---

[1] [yards].

[2] [et nous donnait un appui solide pour le pied].

[3] La version anglaise ajoute ici une note sur les crevasses, indiquée comme
tirée des *Délices de la Suisse*, t. I, p. 22 et suiv., ce qui doit s'entendre de
l'édit. de 1714 : dans celle de 1730, le morceau ainsi traduit comprend les
p. 30-35 du t. I, depuis : « Il se trouve en divers endroits.. » jusqu'à : «.....» il
recouvra entièrement sa santé.» — Cette note et les trois précédentes, sur le
Salève, les bouquetins et les avalanches, n'ont pas été reproduites par M. Smith.

nous étions sur la glace. Je n'oserois décider si c'étoit cela, ou bien des avalanches ou des rochers qui tomboient. Cependant les voyageurs remarquent que dans le Groenland la glace se fend avec des éclats qui ressemblent au tonnerre, de sorte que ce pourroit bien être ce que disoient nos guides. Comme, dans tous les pays ignorants, on est assez superstitieux, ils nous firent plusieurs contes ridicules de sorciers, etc., qui venoient faire leur sabbat sur la glacière et danser au son des instruments; nous aurions été fort surpris s'ils n'avoient pas eu de légendes pareilles.

Les bouquetins se tiennent souvent par troupes au nombre de quinze ou seize sur la glace. Nous n'en vîmes point; il y avoit bien des chamois sur lesquels nous tirâmes, mais de trop loin pour faire quelque effet.

Il y avoit de l'eau qui découloit continuellement de la glacière, que nos guides estimoient fort saine, et ils disent qu'on en peut boire[1] [en tout temps] sans en ressentir la moindre incommodité, quand même on a bien chaud.

Le soleil y donnoit avec beaucoup d'ardeur, et la réverbération de la glace et des rochers circonvoisins faisoit qu'il y avoit beaucoup d'eau dégelée dans les cavités de la glace, mais la nuit je crois qu'elle y gèle toujours.

Nos guides nous assurèrent que, du temps de leurs pères, la glacière étoit peu de chose et que même il y avoit un passage par ces vallées, par lequel on pouvoit, en six heures de temps, entrer dans la Val-d'Aoste, mais que la glacière avoit accru considérablement, que le passage étoit à présent bouché et que la glace s'augmentoit toutes les années.

Nous trouvâmes au bord de la glacière plusieurs morceaux de glace, que nous prîmes d'abord pour des rochers, qui étoient gros comme des maisons et qui étoient

----

[1] [en aussi grande quantité que l'on veut].

séparés de la glacière. Je ne comprends pas comment ils s'y sont formés.

Ayant resté à peu près demi-heure sur la glace et ayant bu en cérémonie à la santé de l'amiral Vernon [1] et au succès des armes britanniques, nous grimpâmes avec une fatigue incroyable au sommet d'où nous étions descendus, la terre s'écroulant sous nos pieds à chaque pas. De là, après nous être reposés quelques moments, nous commençâmes à descendre et nous arrivâmes à Chamoigny (Chamouny) que la nuit commençoit, au grand étonnement des gens du pays et même de nos guides, qui nous avouèrent qu'ils ne croyoient pas que nous eussions achevé notre entreprise.

Notre curiosité étant pleinement satisfaite, nous partimes le lendemain de Chamouny (Chamoigny) et, ayant couché à Sallanches, nous arrivâmes le 23 à la Bonneville. La proximité de cet endroit au Môle nous inspira l'envie d'y monter : nous partimes donc le matin à la pointe du jour de la Bonneville pour y aller.

Nous crûmes qu'après les glacières toute montagne nous paroîtroit facile : cependant nous mimes cinq grandes heures à monter au sommet du Môle, la pente étant d'une rapidité extraordinaire, quoiqu'après avoir fait les deux tiers du chemin on se trouve dans une belle prairie qui va jusqu'au sommet, qui est absolument pointu, la montagne étant en pain de sucre [2] et fort escarpée du côté opposé à Genève. De cette pointe, on a une vue des plus charmantes, d'un côté, sur le lac de Genève et les pays circonvoisins, et de l'autre, sur des montagnes es-

---

[1] L'amiral Vernon, très populaire en Angleterre depuis la prise de Porto-Bello, venait de diriger, de concert avec le général Wentworth, une nouvelle expédition contre les possessions espagnoles en Amérique : elle se termina par les échecs désastreux de Carthagène et de Santiago (printemps et été 1741).

[2] [d'un côté].

carpées¹ qui fournissent une perspective des plus pittoresques. Après avoir resté quelque temps dans cet endroit, nous descendîmes la montagne et allâmes coucher à Annecy, d'où le lendemain nous retournâmes à Genève.

Il faudroit que ceux qui, dans la suite, auroient envie de faire ce voyage fissent en sorte de ne partir que vers la mi-août; ils trouveroient beaucoup moins de neige sur les montagnes et pourroient aller aux mines de cristal et à la chasse des bouquetins. Ils trouveroient aussi les avoines coupées et leurs chevaux ne souffriroient pas tant. Quoique nous n'ayons rien trouvé de dangereux, cependant je recommanderois toujours d'aller bien armés; c'est une précaution aisée et, dans certaines occasions, bien utile; on ne s'en trouve jamais mal. Des baromètres² pour juger de la hauteur des montagnes seroient fort utiles, s'il y avoit des mathématiciens dans la compagnie, [aussi bien qu'une lunette portative]. Une tente ne seroit pas nécessaire, à moins qu'on ne voulût examiner tout avec la dernière exactitude et faire des observations. Dans ce cas, on a pourroit dresser sur la montagne [dite le Montantverd] et y rester, si on étoit obligé d'y passer la nuit, car il n'y fait pas extrêmement froid³, et l'on pourroit s'assurer si les fentes de la glacière changent de jour en jour, comme on l'a dit. Même⁴ on pourroit examiner la glacière et faire beaucoup d'autres observations curieuses. Une personne qui sauroit dessiner auroit de quoi s'exercer, soit dans la route, soit au même

¹ [couvertes de neige, qui s'élèvent tout autour en amphithéâtre].

² [, des thermomètres portatifs et un quart de cercle].

³ [. Avec ces précautions, on pourrait visiter les autres parties des vallées qui forment l'Y].

⁴ [On pourrait aussi mesurer ces rochers fort élevés qui sont au bord de la glacière et faire plusieurs autres observations curieuses, selon le goût et le genre d'esprit des voyageurs, qui, s'ils avaient du penchant pour la botanique, trouveraient un vaste champ d'observations].

lieu. Enfin, les habiles gens feroient bien des choses que
nous n'avons pas faites. Tout le mérite que nous pouvons prétendre, c'est d'avoir frayé le chemin à quelques
curieux.

Il faut porter avec soi des viandes cuites et du salé,
du pain et du vin, parce qu'on ne trouve rien de cela
qu'en certains endroits, et le peu qu'on trouve est mauvais. Nous achetâmes des bêtes vivantes[1] que nous fîmes
tuer et apprêter sur le champ. Il est nécessaire de se
pourvoir de licols pour attacher les chevaux, de fers à
tous pieds et autres instruments[2] pour ferrer les chevaux, qui se déferrent à chaque instant, [et on doit avoir
l'œil réciproquement sur les chevaux de ses compagnons
pour voir s'ils ne sont pas déferrés].

Avec de telles précautions, tout voyage devient aisé et
agréable, même dans les pays les plus sauvages, et l'on
est plus en état d'examiner avec soin ce qu'ils offrent de
curieux.[3]

[1] [un mouton].

[2] [de clous, d'un marteau, etc.].

[3] [Tel est, Monsieur, le résumé de mes souvenirs de voyage. Si j'ai tardé si
longtemps à vous le donner, cela tient à ce que je me sentais incapable de vous
offrir quelque chose qui fût digne de votre bon goût. Cependant, c'est précisément votre bon goût qui devrait m'encourager : votre imagination vive et pé-
nétrante, qui réunit le poète au peintre, complétera avec indulgence ce que je
n'ai que légèrement esquissé. Je suis, avec la plus grande estime, Monsieur,
votre très obéissant et humble serviteur].

Voyage aux glacières du Faucigny (1742)[1].

(RELATION DE PIERRE MARTEL.)

[AVERTISSEMENT.]

[Ceux qui liront cette relation ne seront pas fâchés de savoir les noms des personnes qui ont fait ce voyage curieux. Les voici, au nombre de cinq : MM. Pierre Martel, mathématicien, Etienne Martin, très habile artiste, Chevalier, orfèvre, Giraud-Duval et un étranger, nommé M. Roze, botaniste.]

[1] Le voyage des Genevois en 1742, éclipsé par celui de Windham et Pococke, est demeuré fort peu connu et la plupart des *Guides* et des *Itinéraires* (G. Mortillet, 1855 ; Ad. Joanne, 1850 ; K. Dædeker, 1867 ; V. Payot, 1870, etc.) n'en font aucune mention. Dès 1786, Senebier croyait que Martel n'avait été que l'un des compagnons de route de Windham. — La relation de Martel a un caractère plus scientifique que la première, par le fait de ses observations barométriques, de ses aperçus géographiques, de ses calculs de géodésie, etc. Baulacre l'a spécialement utilisée et il en a reproduit plusieurs passages. En 1773, Bordier disait avec raison, à propos des observations de Martel : « Elles sont d'un philosophe, mais décousues, incomplètes, mal présentées. » Il est clair qu'aujourd'hui elles n'ont plus d'intérêt qu'au point de vue historique ; on doit d'ailleurs se souvenir que notre « mécaniste expert », comme l'appelle Baulacre, n'était pas, à proprement parler, un savant de profession. — En publiant une version anglaise de son récit (1744), sous la forme d'une lettre adressée à Windham, Martel y introduisait des changements nombreux ; je les ai indiqués de la même manière que pour la relation de Windham (voy. plus haut, p. 20, note 1), en négligeant les remaniements sans intérêt. — Au reste, il ne serait pas impossible que le manuscrit de la Bibliothèque de l'Institut offrît quelques omissions : dans ce cas, elles seraient dues au copiste qui a transcrit les deux relations pour Pierre-Michel Hennin.

' Nous partîmes de Genéve le 20 août 1742.

Avant de partir, nous fîmes l'expérience du baromètre, qui s'éleva à la hauteur de 27 pouces, dans un cabinet,

' [Monsieur, Depuis votre départ pour l'Angleterre, j'ai eu l'occasion d'aller aux glacières de Chamouny avec quatre amis, dont la curiosité avait été éveillée par la lecture de votre lettre, qui a plu à tous les gens de goût. Ayant résolu de tâcher de faire les observations que vous auriez voulu entreprendre l'année dernière, j'emportai avec moi tout ce qui me parut nécessaire dans ce but et j'eus recours à toutes les précautions possibles pour réussir, ainsi que vous le verrez. — Je ne vous donne pas, Monsieur, cette relation comme une œuvre digne d'être comparée à votre récit, mais plutôt comme une note qui pourra fournir ' votre journal de voyage ce que vous désiriez y insérer et ce que vous y auriez certainement mis, si vous aviez eu des instruments avec vous. — Vous apprendrez, en premier lieu, de quels instruments je m'étais muni et quelles précautions j'avais prises; vous aurez aussi sous les yeux la série de mes observations et j'y ajouterai la relation exacte de ce que nous avons vu. Je m'efforcerai d'expliquer la cause physique qui produit les glacières. A la fin de ce récit, je mettrai une vue de la vallée de Chamouny, prise de l'église, une vue de la Vallée de glace, prise du Montanver, une carte comprenant la route de Genève à la source de l'Arve, corrigée d'après des observations faites sur place, et quelques dessins représentant des chamois et des bouquetins, que vous aimerez peut-être montrer à vos amis d'Angleterre. J'y joindrai les notes d'un de mes amis et compagnons de voyage au sujet des plantes que nous avons trouvées sur la montagne et dans les environs. Enfin, je comparerai nos observations et nos mensurations avec celles du célèbre M. Fatio de Duillier, publiées, en appendice, dans l'*Histoire de Genève*. Soyez certain, Monsieur, que ma narration est très exacte : toutes les opérations ont été répétées et le calcul en a été fait deux fois avec grand soin, de sorte que vous pouvez compter sur la fidélité de nos renseignements. — Avant d'en venir au fait, il peut être à propos de vous dire quelles étaient les personnes qui composaient notre expédition : Il y avait un orfèvre, très versé dans la connaissance des minéraux, un apothicaire, bon chimiste et bon botaniste, M. Martin et M. Girod, que vous connaissez pour être des curieux, ce qui faisait une société assez bien qualifiée pour l'entreprise, surtout parce que chacun de ceux qui en faisaient partie contribuait à quelque découverte, grâce à son tour d'esprit particulier, et m'aidait beaucoup, en outre, à relever mes observations. — Je pris un bon baromètre, enfermé dans un étui de bois : à chaque halte, je le remplissais selon la méthode de Torricelli, avec le plus de précautions possible, et dans ce but j'emportai beaucoup de mercure, afin d'en être toujours pourvu en cas d'accident; j'avais avec moi mon demi-cercle, qui a dix pouces anglais de rayon, quelques boussoles maritimes, une chambre obscure et tout ce qu'il faut pour dessiner. Je pris aussi un thermomètre, que j'avais fabriqué moi-même; il était rempli de mercure et partagé en cent parties égales, depuis le point de congélation jusqu'à l'eau bouillante : elles correspondaient à 180 degrés du thermomètre de Farenheit, lequel commence à 32° et se termine à 212°. Je divisai mon baromètre en pouces et lignes, mesure française, pour apprécier en un clin d'œil la hauteur et qui| s'étoit trouvé [les jours précédents], au niveau du Rhône, à 27 pouces 2 lignes[1], et le thermomètre à 18 degrés au-dessus de la glace[2].

Nous partîmes dans ce moment et nous fûmes tout de suite à la Bonneville, où nous dînâmes et où le baromètre se trouve à 26 pouces 8 lignes, ce qui fait six lignes moins qu'au bord du Rhône. [Selon les observations de M[rs] de l'Académie des Sciences de Paris, le mercure descend d'une ligne pour les premiers 60 pieds de hauteur, et pour 61, 62, etc., par degré, à mesure qu'on monte plus haut. Avec cette opération d'arithmétique,] nous trouvâmes que l'Arve à la Bonneville est élevée au-dessus du Rhône de 375 pieds[3], ce qui est peu considérable, vu la distance de cinq heures de chemin[4].

du mercure. A Genève, je laissai, chez le baron Rotberg, un baromètre et un thermomètre semblables à ceux que je prenais avec moi, afin de pouvoir comparer nos expériences avec les variations du baromètre, dans le cas où le temps aurait changé; mais comme il resta beau, les variations furent insensibles. Votre relation de voyage nous servit de guide soit pour la route à suivre, soit pour plusieurs précautions dont vous indiquez la nécessité. — Je dois vous faire observer que, avant notre départ, je me rendis chez le professeur Calandrini, afin d'avoir encore quelques instructions sur la hauteur proportionnelle du mercure à différentes distances du centre de la terre; il me communiqua une formule pour dresser un tableau à cet effet; mais, par des motifs qu'on peut voir dans les *Philosophical Transactions*, n° 405[*], je préférai l'expérience fondamentale et les tables de M. Scheutzer. Vous trouverez ici toutes les altitudes des montagnes, calculées exactement au moyen de ces tables, d'après la hauteur à laquelle se trouvait alors le baromètre, et j'ai constaté qu'elles concordaient mieux que d'autres avec mes opérations trigonométriques. — Nous partîmes de Genève, etc.]

[1] [*En note :* Toutes les mesures sont indiquées d'après le système français, le pied étant au nôtre comme 114 à 107].

[2] [ce qui correspond à 60° Farenheit].

[3] [403 pieds, 10 pouces, 5 lignes, mesure française]. — Au moment de publier à Londres sa relation, Martel refit ses calculs, car les hauteurs consignées dans l'original français ne sont pas les mêmes que dans la traduction anglaise.

[4] [ou quinze milles anglais].

[*] Martel fait allusion au mémoire intitulé : *The barometrical method of measuring the height of mountains*, with two new tables shewing the height of the atmosphere at given altitudes of mercury. Extracted chiefly from the observations of John James Scheuchzer, by J.-G. Scheuchzer (*Philosophical Transactions*, n° 405, Novembre 1728, vol. XXXV, p. 537-547).

Nous partîmes de la Bonneville à deux heures et demie
et fûmes à Cluse environ les six heures, [où nous ne
fîmes que nous rafraichir], et poussâmes notre route
jusques à Sallanches. Nous eûmes beaucoup de plaisir
dans la vallée qui conduit de Cluse à Sallanches, à
cause des échos [qui nous amusèrent, soit avec nos
pistolets, soit avec nos grenades. C'est une chose admirable d'entendre ces roulements,] qui continuent à certains endroits durant quelques[1] minutes. L'on trouve le
long de cette vallée quantité de cascades, entre autres
celle du Nant d'Apenaz, mais nous fûmes privés de ce
plaisir à cause de la grande sécheresse [Comme nous
étions partis tard de Cluse, nous ne pûmes arriver à Sallanches qu'à neuf heures du soir, et ce ne fut pas sans
peine, parce qu'un de nos chevaux se rendit, de trop de
fatigue, une demi-heure avant notre arrivée.]

Lorsque nous fûmes arrivés à Sallanches, [petite ville
à peu près comme la Bonneville], le baromètre se trouva
à 26 pouces et 4 lignes, ce qui est 10 lignes moins
qu'à Genève, et qui par conséquent font 645 pieds[2] plus
ha.. que le Rhône à Genève ; le thermomètre se soutint
au même point qu'à Genève.

[Il y a à Sallanches des chanoines qui étendent leur ju-
ridiction jusqu'à Chamoigny.

Nous partîmes le lendemain matin de Sallanches; nous
y eûmes la même hauteur au baromètre que lorsque
nous y étions arrivés. De là, nous vînmes à Servoz.

Sallanches, comme on le sait, est une petite ville située
sur la rive gauche de l'Arve, en venant de sa source,
qui prend son nom d'une petite rivière de même nom,
sur laquelle elle est bâtie, qui se jette dans l'Arve au-
dessus du pont de Saint-Martin, qui est de pierre, le plus
beau et le plus considérable de tous ceux qui sont sur

[1] [quatre].
[2] [670 pieds, 10 pouces, 0 ligne].

l'Arve. Il est entre Sallanches et ledit village de Saint-Martin, à environ un demi-quart d'heure de Sallanches. La carte particulière met toutefois la Sallanche, sans la nommer, à environ deux cents pas au-dessus de Sallanches et ne la fait point passer par la ville. Sallanches est située dans une large vallée, qui forme une très belle plaine, qui a près de quatre heures de chemin, à peu près de l'est à l'ouest, depuis l'endroit où la Gouille et le Nant des Bois se jettent dans l'Arve, au bas de la montagne de Passy, à la droite la plus orientale, et s'étend beaucoup en deçà du pont de Saint-Martin. L'on voit à droite et à gauche de hautes montagnes, si bien cultivées qu'elles ressemblent à la côte de Cologny (près Genève). Cette plaine est traversée par l'Arve, qui, sous Passy, forme plusieurs îles, que l'on nomme les îles de Passy, et se réunissant près de Sallanches, laisse une belle prairie, que les habitants nomment la *plaine des Droits,* parce que chacun des habitants en a sa portion, qu'ils nomment leurs *droits* en leur langue.]

En venant de Sallanches à Servoz, nous passâmes par le village de Passy, situé presque au pied de la montagne de ce nom. Cette paroisse contient plusieurs hameaux, qui tiennent près de trois lieues d'étendue. Passy est du côté droit de l'Arve¹ et le village de Saint-Gervais est à la gauche, quoique la carte le place à la droite, éloigné d'une lieue de l'endroit où il est.

Après avoir perdu Saint-Gervais de vue, nous commençâmes à monter. Nous traversâmes un petit pont sur un ruisseau, nommé la Gouille, qui roule de la montagne en charriant un sable très noir. Il y a toutefois, près du pont, un petit étang formé par l'eau de ce ruisseau, au bas d'une colline, où cette eau est parfaitement claire. A très peu de distance, on trouve un autre ruisseau,

¹ [en descendant la rivière].

que les naturels du pays nomment le Nant des Bois, lequel charrie aussi un sable noir, que les habitants assu-
rent être d'autant plus noir, à mesure que l'eau devient
plus abondante. Nous arrivâmes à Servoz, qui est situé
sur le bord de l'Arve, à droite, dans une vallée fort
étroite, d'où l'on commence à découvrir les montagnes
des glacières. Le baromètre étoit descendu à 25 pouces
7 lignes, ce qui fait 19 lignes plus bas qu'à Genève et
donne en conséquence pour hauteur 1311 pieds[1], et 9 lignes de différence de Sallanches, ce qui donne 576
pieds[2] sur cinq heures de chemin. C'est aussi la plus
grande pente de l'Arve depuis [qu'elle est descendue
du col de la Balme, où elle prend] sa source ; ici, elle se
précipite de montagne en montagne, jusqu'à ce qu'elle
soit parvenue à la plaine de Passy.

L'on nous fit voir à Servoz de la mine de plomb, qui
ne nous parut pas valoir grand'chose.

L'on assure dans le pays qu'autrefois cette vallée étoit
un lac[3]. L'on y voit encore une vieille tour que l'on
nomme la Tour du Lac, à très peu de distance de l'Arve.
L'on assure de plus qu'il y avoit au bord du lac une
ville, nommée la ville de Saint-Pierre, qui fut engloutie,
et que le lac, ayant rompu ses bornes, s'écoula dans
l'Arve, n'étant plus resté à la place de son lit qu'une
vallée marécageuse.

De Servoz, nous prîmes la route de Chamouny. Nous
eûmes l'Arve à notre droite, que nous passâmes sur un
fort mauvais pont, que l'on nomme le pont Pélissier,
d'où nous vînmes à cette montagne si rude que l'on

---

[1] [1306 pieds, 0 pouce, 7 lignes].
[2] [636 pieds, 0 pouce, 1 ligne].
[3] Il faut rapprocher de cette tradition les documents du moyen âge qui
mentionnent une communauté du Lac, dépendant du prieuré de Chamonix.
Un hameau de ce nom existe encore aujourd'hui près de Servoz, sur la rive
gauche de l'Arve : il ne figure que sur des cartes très détaillées. (*Mém. de la
Soc. d'Histoire de Genève*, t. XIII, 2ᵐᵉ part., p. xxvii, n. 27 ; p. 79, 95).

nomme les Montées, où[1] nous fûmes arrêtés assez longtemps par un petit accident. De là, nous entrâmes dans
la vallée de Chamouny, ayant l'Arve à notre gauche,
et à notre droite une fort belle colline, qui se termine
au Mont-Blanc du côté méridional, où nous découvrîmes
plusieurs apparences de mines de fer, très conformes
à celles qui indiquent des mines pareilles en Bourgo-
gne. Après avoir fait une grande heure de chemin, nous
passâmes au village de Fouilly, qui n'est proprement
qu'un hameau de la paroisse de Chamouny, et de là,
nous passâmes à Moncoir[2], où il y a une église dépen-
dante de Chamouny, [ou le Prieuré, ce qui est le même,
les habitants nommant tantôt le Prieuré et tantôt Chamouny.] De Moncoir, nous passâmes l'Arve, la laissant
à notre droite, et arrivâmes au Prieuré à cinq heures
après midi.

Le baromètre se trouva, au bord de l'Arve, en cet endroit, à 25 pouces 4 lig, es, ce qui est 1 pouce 10 lignes
plus bas qu'à Genève, près du Rhône ; ainsi, on peut
conclure que la hauteur de l'Arve dans cet endroit est
d'environ 1551 pieds[3] au-dessus du niveau du Rhône.

[4] Le lendemain au matin, ayant regardé le thermomètre, nous le trouvâmes[5] descendu de 16 degrés, ce
qui nous fit prendre la précaution de nous mieux ha-
biller pour monter à la montagne, précaution qui nous
fut très utile. Nous partîmes à environ six heures du
matin, ayant pris avec nous sept hommes, tant pour porter nos provisions que pour nous conduire[6]. Nous com-

[1] [où l'un de nos chevaux perdit un fer et presque tout un de ses sabots].

[2] Aujourd'hui Montquart, commune de Chamonix.

[3] [1520 pieds, 5 pouces, 5 lignes].

[4] [Je suspendis mon thermomètre la nuit du 22 au 23].

[5] [à deux degrés au dessus de la glace, ce qui correspond à 35 ½ degrés Farenheit].

[6] [Pour tout le reste, nous prîmes les mêmes précautions que vous et j'em-
portai mes instruments avec moi].

mençâmes à monter et nous le fîmes tout de suite pendant environ trois heures de temps ; après quoi, nous
nous reposâmes et, ayant examiné le baromètre, nous
trouvâmes le mercure à 16 lignes plus bas qu'à Chamouny. Par le calcul, nous avions monté environ 1080
pieds[1]. Ayant continué à monter, nous parvînmes à la
montagne, que les habitants de ces lieux nomment Montanverd, d'où nous vîmes les glacières ou la vallée de
glace. La nouveauté du spectacle nous frappa d'étonnement : [nous en parlerons plus au long après.]

[2] Nous trouvâmes le baromètre à 22 pouces 8 lignes
en ce lieu, ce qui fait 32 lignes de différence depuis
Chamouny et donne pour la hauteur de la montagne
2486 pieds[3], et depuis le niveau du Rhône 4446 pieds[4].

Nous descendîmes ensuite, en approchant de la glace,
et nous arrêtâmes, pour nous rafraîchir en prenant de la
nourriture, derrière une espèce de rempart, fait de grosses
pierres que la glace a élevées[5], où le baromètre se trouva
deux lignes plus haut, ce qui par le calcul prouvoit que
nous étions descendus d'environ 120 pieds[6]. Nous dînâmes en cet endroit, sous une grande pierre[7] qui nous
tenoit à l'ombre[8], mais ce fut alors que bien nous en
prit de nous être précautionnés contre le froid, puisque
nous fûmes obligés de nous mettre au soleil pour nous
réchauffer. Chacun ensuite chercha à contenter sa curio-

[1] [1179 pieds, 0 pouce, 1 ligne].
[2] Après en avoir fait une esquisse pendant que nous nous reposions, je
trouvai].
[3] [2427 pieds, 8 pouces, 10 lignes].
[4] [3847 pieds, 2 pouces, 3 lignes].
[5] [comme je l'expliquerai plus loin].
[6] [150 pieds, 7 pouces, 8 lignes].
[7] C'est celle dont on voit encore les débris. « Elle a été appelée à tort la
pierre aux Anglais, » dit M. Alph. Favre (*Recherches géolog.*, t. III, p. 545), car
ce furent les Genevois qui lui valurent sa modeste célébrité. »
[8] [Le thermomètre était descendu à 1 degré seulement au dessus de la
glace, soit environ 33 1/2 degrés Farenheit].

sité, les uns traversant la vallée sur la glace, les autres cherchant du cristal[1], etc.

Le lendemain matin, pendant qu'on se disposoit à s'en revenir, un de nous croqua, du mieux qu'il put, une carte, d'un lieu au-dessus de l'église de Chamouny, d'où l'on découvre la montagne où l'Arve prend sa source, les principales gorges des glacières et[2] le village de Chamougny. On trouvera cette carte à la fin de cette relation[3].

[4] On tâchera ici de donner une idée, la plus distincte qu'il se pourra, de la vallée de Chamouny, des glacières et de ce qui nous a paru le plus digne de remarque pendant le peu de temps que nous y avons été.

La vallée de Chamouny (Chamougny) peut être considérée renfermer depuis l'endroit où l'on cesse de monter (les Montées) jusqu'à la montagne où l'Arve prend sa source, qui est le col de la Balme, confinant le Valais au nord-est. L'on a voulu donner[5] à cette vallée la figure d'un

[1] [Quant à moi, je me fis accompagner par deux hommes et je retournai au Montanvert, où je demeurai environ trois heures : ce temps fut employé à dresser le plan des glacières qui se trouve à la fin de cette relation. J'étais aidé dans cette opération par mon guide, homme très intelligent, qui, non-seulement connaissoit le pays, mais encore avait pris part aux travaux du dernier cadastre, que le roi de Sardaigne avait fait établir en Savoie. J'ai d'autant plus de raisons de croire à l'exactitude de cette carte, que je l'ai comparée avec une autre chez le « greffier » de Chamouny, ce qui m'a été d'une grande utilité. Les montagnes étant trop rapprochées et trop élevées pour que ma chambre obscure pût me servir à prendre une vue des glacières, je quittai le Montanvert et j'arrivai au Prieuré de Chamouny à sept heures du soir. — Le lendemain matin, mes compagnons étaient tellement pressés de partir que je n'eus pas le temps de dessiner quelques points de vue, comme j'en avais l'intention : tout ce que je pus faire, ce fut de prendre, avec mon demi-cercle, la hauteur du Mont-Blanc, et cela au moyen de deux opérations différentes, qui concordèrent parfaitement. Je fis de même pour le Montanvert, où nous étions allés la veille, et il ne me resta que juste le temps d'esquisser la vue de Chamouny qui est jointe à ce récit : elle est prise au dessus de l'église *etc.*]

[2] [ainsi que les plus hautes montagnes et les villages].

[3] « Elle ne se trouve point dans l'exemplaire que j'ai copié. » *(Note du manuscrit.)*

[4] [J'interromprai ici ma narration pour vous donner, *etc.*]

[5] [La carte donne]

croissant, mais il faudroit pour cela qu'elle vînt en dimi-
nuant par les deux bouts et qu'elle allât en s'élargissant
des deux côtés vers son milieu, ce qui est l'opposé, étant
plutôt étroite dans son milieu. Elle ne laisse cependant
pas d'aller en courbant, [ce qui a donné lieu de lui donner la figure d'un croissant.] La première partie que
l'on rencontre, en y allant depuis Servoz, est presque
dirigée de l'occident à l'orient, et de l'autre ensuite au
nord-est; ainsi elle se replie, en s'arrondissant à peu près
dans son milieu.

Cette vallée contient plusieurs hameaux, dispersés dans
sa longueur, qui est d'environ six heures[1] de chemin,
car pour la largeur, du moins au milieu, elle ne peut
avoir tout au plus que 400 pas géométriques[2]. L'on distingue dans ces hameaux les quatre principaux, qui sont
Fouilly, en entrant dans la vallée, Moncoir, où est une
église au bord de l'Arve du côté gauche, le Prieuré, qui
est au milieu, que l'on prend pour Chamougny, qui est
sur l'autre bord, à la droite de l'Arve, et Argentière,
presque au fond de la vallée.

Cette vallée est bornée au nord-est par [la montagne
de la Balme, autrement dite] le col de la Balme, où l'Arve
prend sa source par deux endroits fort peu distants[3]
l'un de l'autre, ayant au sud-est les glacières dans toute
l'étendue de la vallée, lesquelles glacières s'étendent
jusqu'au-dessus de Saint-Gervais dans la vallée de Sallanches, où il y a une glacière que l'on nomme la glacière de Saint-Gervais. Celle-ci vient du Mont-Blanc, qui
se replie un peu pour s'étendre vers le sud, en évitant
de suivre la courbure de la vallée. Le côté du nord-
ouest est borné par la montagne de la Valors(ine) et le
sud-est par la gorge qui y conduit en venant de Ser-

[1] [dix-huit milles anglais].
[2] [ou environ un demi-mille anglais].
[3] Le manuscrit porte : *fort distants*.

voz. Toute·la vallée est traversée par l'Arve, qui passe à
peu près par le milieu de sa largeur, recevant en son
chemin l'Arbeiron et plusieurs ruisseaux et ravines, qui
fournissent de l'eau seulement lorsque les neiges fondent.

Pour avoir présentement une idée distincte des glacières, il faut se représenter une grande vallée à peu
près parallèle à celle de Chamougny, mais de beaucoup
plus élevée, puisqu'elle est située presque au sommet
des[1] montagnes. Cette vallée peut avoir environ quatre
heures[2] de longueur, sur deux tiers[3] de large ; l'on en voit
une partie depuis le Montanvert, qui est le lieu de la montagne où nous sommes montés. L'on voit, depuis cette
montagne, s'élever une grande quantité de pointes d'une
hauteur prodigieuse, quoique celle sur laquelle nous
sommes montés le soit à peu près de 2486 pieds[4] de
Paris[5], le baromètre ayant été au-dessus[6] plus bas de
32 lignes qu'à son pied ; et ayant calculé la hauteur par
une opération trigonométrique, sur une base de 1440
pieds, nous trouvâmes cinquante pieds[7] de plus, et cela
par deux opérations différentes. Et de la même base,
ayant mesuré la hauteur de la plus haute pointe[8], nous
trouvâmes par deux opérations 11,008 pieds[9], compris
la hauteur de la montagne où nous étions montés[10]. La
plupart de ces pointes sont toutes couvertes de glaces,
depuis le sommet jusque dans leurs gorges ou bases,
qui sont toutes aboutissantes aux montagnes qui forment la vallée des glacières, les unes d'un côté et les
autres de l'autre.

[1] [de hautes].
[2] [douze milles].
[3] [deux milles].
[4] [2427 pieds, 8 pouces].
[5] [au-dessus de la vallée].
[6] C'est-à-dire au sommet.
[7] [neuf pieds].
[8] [du Mont-Blanc].
[9] [10,939 pieds].
[10] [et 12,459 pieds au-dessus du Rhône].

[1] Qu'on se représente à présent cette grande vallée, qu'on a dit être parallèle à celle de Chamougny, comme un lac qui, ayant été furieusement agité par une grosse bise, se seroit gelé tout d'un coup dans cette grande agitation ; car toute la glacière, envisagée [2] depuis la montagne, paroit du premier coup d'œil sous cette figure, mais dès qu'on en approche, quelques-unes de ces vagues paroissent avoir plus de quarante pieds de hauteur.

Qu'on se représente ensuite cette grande vallée de glace ouverte en plusieurs endroits par des gorges de montagnes, dont il y en a cinq de principales, qui aboutissent à la vallée de Chamougny. Ce sont ces extrémités ou gorges que les habitants de Chamougny nomment *glacières* [3].

Pour juger à présent de la cause qui entretient continuellement la glace dans cette vallée, il faut [4] se représenter d'abord qu'elle est élevée au-dessus de la vallée de Chamougny, — on parle de la surface supérieure de la glace, — au moins de 2196 pieds, ce qui fait que toutes les gorges sont fort rapides, les unes cependant plus que les autres, suivant leur obliquité. Cette hauteur fait que l'air est toujours froid dans cette vallée. En voici quelques preuves certaines :

[1] [Je ne trouve rien qui puisse mieux donner une idée de cette vallée, que la comparaison dont vous vous êtes servi, à savoir qu'elle ressemble à un grand lac qui, *etc.*]

[2] [vue du Montanvert].

[3] [Ces gorges sont très escarpées, quelques-unes plus que d'autres].

[4] [Il faut considérer sa situation sous deux rapports : en premier lieu quant au soleil, et en second lieu quant à l'atmosphère. En raison de la courbe que décrit cette vallée, on doit regarder sa plus grande longueur comme orientée du soleil levant, pendant le solstice d'été, jusqu'au soleil couchant, pendant l'équinoxe : elle est entourée de tous les côtés par de très hautes montagnes, surtout du côté du midi, où se trouve la montagne fort élevée des Eschaux. La glace couvre le côté nord de cette même montagne, tandis qu'il n'y en a point du tout sur la montagne qui est en face d'elle, de l'autre côté de la glacière. Quant à l'atmosphère, il ne faut pas oublier que la surface de la glace est élevée au dessus de la vallée de Chamouny de 2202 pieds. Cette grande hauteur rend l'air *etc.*]

Nous fûmes, [comme il est dit au commencement de cette relation,] au [20 du] mois d'août, dans un temps très beau et très sec, sans aucune apparence de pluie, n'ayant aperçu ni vent, ni bise, pendant le jour que nous fûmes à la montagne[1]. Le thermomètre, cependant, descendit à deux degrés au dessus de la glace[2], et cela à la vallée de Chamougny, où l'air n'est pas à beaucoup près aussi vif qu'il doit l'être à la vallée de glace[3].

De plus, en partant le matin, nous[4] vîmes le lit de plusieurs ruisseaux, qui descendent des montagnes, totalement sec dans le jour et donnant beaucoup d'eau le soir à notre retour[5].

[6] L'on voit sur la vallée de glace une infinité de petits réservoirs, qui contiennent une très belle eau, [qui paroît bleue, à peu près comme la couleur qu'on tire du vert de gris], laquelle se congèle d'abord après le coucher du soleil, et cela dans les plus grandes chaleurs[7].

Si l'on se représente ces hautes montagnes, dont on a déjà parlé, dont les cimes vont de beaucoup au-dessus des nues, si l'on se représente cette prodigieuse quantité d'eau qu'elles doivent donner par la fonte des neiges qui les couvrent, à la moindre pluie que l'on ait dans la plaine, et que les eaux et neiges se convertissent en glace sitôt après le coucher du soleil, l'on découvrira aisément la cause qui entretient continuellement ces glaces qui couvrent cette vallée et ces montagnes.

---

[1] [mais bien un clair et brillant soleil].

[2] [soit à 35 ²/₃ degrés Farenheit].

[3] [où le thermomètre descendit d'un degré entier, sous le rocher près duquel nous dînions].

[4] [nous traversâmes à pied sec le lit].

[5] [si bien que nous fûmes obligés de passer sur les ponts destinés aux piétons].

[6] [En troisième lieu].

[7] [ainsi que les habitants nous l'ont tous unanimement assuré. Je ne suis pas resté assez longtemps sur la montagne pour l'avoir vu moi-même, mais cette observation est corroborée par le fait que les petits filets d'eau, mentionnés tout à l'heure, cessent de couler durant la nuit].

¹ L'on croit ces raisons suffisantes [pour trouver la cause de la continuité de cette glace,] sans avoir recours aux effets du nitre. Nous n'y en avons aussi aperçu aucune apparence dans le goût de la glace ², qui est celui de l'eau de nos meilleures fontaines, [au lieu que la glace du Valais a un goût âcre.]

Les glacières et la vallée de glace augmentent et ne sont pas toujours dans le même état. Les glaces augmentent ou diminuent suivant le temps. Il y a apparence qu'elles ont été [beaucoup] plus abondantes. Il y a lieu de croire qu'elles ont dû avoir plus de 80 pieds au dessus du lieu où elles sont actuellement, par les vestiges qui y sont restés.

L'on voit à droite et à gauche de la glacière une pierre blanche, mêlée de sable blanc, ressemblant assez l'un et l'autre aux décombres d'un ancien bâtiment. La pierre paroit calcinée et se rompt [au moindre attouchement], comme la chaux qui auroit été exposée pendant quelque temps à l'air.

Les bords de la glacière sont fort escarpés, peut-être parce que la glace élève les bords, [comme plusieurs le prétendent : nous en dirons quelque chose dans la suite de cette relation.] Le lieu où nous dînâmes peut être considéré comme un gros revêtement de maçonnerie, dont la plupart des pierres sont très grandes et rangées les unes sur les autres, comme un mur, fort escarpé du côté de la glace, sans presque aucun talus. Cette espèce de mur nous parut avoir plus de quatre-vingts pieds de

¹ [Dans mon opinion, ces raisons sont *etc.*]

² [et je puis ajouter qu'ayant mis un peu de cette eau dans une cuiller d'argent et l'ayant fait évaporer au feu, elle ne laissa ni dépôt, ni croûte, ni aucune trace décelant la présence du nitre. Aussi, je suis persuadé que le nitre n'est pour rien dans la production comme dans la conservation de cette glace, car lorsque la glace est le résultat d'une congélation artificielle, elle a un goût âcre, tandis que celle-là donne une eau douce, semblable à l'eau de nos meilleures sources].

hauteur, sur vingt d'épaisseur ; au lieu où nous étions,
il laissoit [au-dessus une espèce de parapet et] derrière
soi un petit terrain plein, allant finir dans la montagne ;
ce qui faisoit que nous ne pouvions pas voir la glace de
cet endroit sans monter sur le parapet[1].

On a dit que les vagues, — c'est ainsi que nous avons
nommé les inégalités de la glace, — avoient quelquefois
quarante pieds de hauteur. Elles[2] sont toutes dirigées
[d'une manière latérale ou oblique, n'y en ayant point
de longitudinales, étant toujours] dans un sens contraire
à la plus grande étendue de la glace, tellement que,
dans la vallée, elles sont dans un sens, et dans les gorges
dans un autre, suivant toujours à peu près le sens contraire au cours e la glace. Les petites sont dans la
même direction, mais presque toutes leurs cavités sont
remplies d'une eau très claire, [de laquelle on a déjà
parlé ci-devant, n'ayant rien dans le goût, ni dans la
couleur, qui la puisse distinguer de l'eau de nos fontaines, excepté une très grande fraîcheur, mais d'ailleurs
excellente à boire, soit seule, soit mêlée avec du vin.
C'est le jugement que nous en avons tous porté sur les
lieux.]

L'on voit sur la glace une infinité de fentes plus ou
moins grandes, ayant les unes environ vingt pieds de
longueur, sur quatre à cinq de large, les autres [beau-
coup] moins. Ces fentes sont presque toutes dans la partie faible de la glace, c'est-à-dire dans les abaissements
des vagues, et dirigées presque toutes d'une manière
oblique, comme les vagues. C'est par ces fentes que

---

[1] [Il faut observer que la glacière n'est pas de niveau : toute la glace a un
mouvement, des parties élevées aux parties basses, c'est-à-dire qu'elle glisse
continuellement vers les gorges et dans la vallée, ce qui ressort de plusieurs
circonstances et tout d'abord des grosses pierres qui ont été transportées jusque
dans la vallée de Chamouny ; on nous en montra une de très grandes dimen-
sions, que plusieurs personnes âgées nous assurèrent avoir vue sur la glace].

[2] [J'ajouterai maintenant que les cavités qui les séparent sont toutes etc.]

nous avons pu juger de l'épaisseur de la glace[1], du moins à ces endroits où la fente[2] n'est qu'environ de cinq à six pieds, étant aux autres endroits depuis trente jusqu'à cinquante pieds. La réflexion de la lumière fait que l'on voit la glace dans ces fentes, comme si l'on y regardoit avec un prisme. C'est quelque chose d'admirable de voir, même depuis la montagne, les mélanges de bleu et de vert venir de toutes ces fentes et de tous ces réservoirs d'eau, [dont on a déjà parlé], surtout lorsque le soleil donne sur cette vaste vallée de glace.

Par ces mêmes fentes, l'on voit sous[3] la glace des eaux qui en découlent, du moins dans le jour[4], qui doivent toucher parfois la surface inférieure de la glace ; en voici des preuves qui paroissent[5] assez fortes :

Premièrement, nos guides y enfoncèrent un bâton fort avant, et l'ayant abandonné de la main, il se releva de lui-même ; ce ne peut être que l'eau qui ait pu produire un tel effet, [et comment l'auroit-elle pu faire, si elle n'avoit touché la glace?]

L'autre preuve, c'est que lorsque quelqu'un tombe par malheur dans quelqu'une de ces fentes, ce qui est arrivé à quelques chercheurs de cristal, l'on les retrouve sur la glace, bien conservés, au bout de quelques jours, lorsqu'il arrive un peu de pluie ou de temps doux. La cause de ce retour sur la glace ne peut venir que de la surabondance d'eau, qui, ne trouvant pas assez de passages sous la glace, sort par ces fentes pour se chercher une autre route ; aussi, c'est ainsi qu'elle se dégage de tout ce qui s'oppose à son passage. Mais, parce que la quantité des fentes, quoique fort nombreuse, n'est pas

[1] [: dans les creux, elle n'a que cinq ou six pieds d'épaisseur ; dans les hautes vagues, quarante ou cinquante. La réflexion *etc.*]

[2] *Lisez* : la glace.

[3] *Sur*, dans le manuscrit.

[4] [comme elles le faisaient alors].

[5] [Incontestables].

toujours suffisante pour laisser le passage à cette prodigieuse quantité d'eau, il se peut fort bien qu'elle soulève toute la masse de la glace.

L'on pourroit tirer de ces faits quelques conjectures tant pour découvrir la cause de l'accroissement des glacières, même pendant les plus grandes chaleurs, que pour expliquer l'élévation des pierres sur leurs bords : [car c'est une chose de fait que les glacières ont leurs accroissements aussi bien dans l'été que dans l'hiver, et que la glace élève toutes ces pierres que l'on voit au bord.

Quelques personnes ont estimé la vallée très profonde sous la glace et cru qu'il y a des endroits où il se forme des amas d'eau, qui, après un certain temps, rompent la glace et causent des inondations, mais comme on n'en voit aucune preuve, ce sentiment ne sauroit passer pour certain.

D'autres personnes ont cru que l'accroissement et le décroissement des glacières étoit périodique, savoir sept ans pour croître et sept ans pour décroître, mais cela n'a pas l'air d'être vrai. Elles croissent et décroissent à la véi .é, mais selon les temps et sans aucun terme fixe. Rien ne contribue plus à leur accroissement que les pluies froides, et à leur diminution que les pluies chaudes et le vent du midi.]

L'on a déjà dit que l'épaisseur de la glace étoit fort considérable. Nous dirons aussi quelque chose sur sa consistance. Nous l'avons trouvée généralement beaucoup plus légère et plus mince dans les bords[1] que dans le milieu ; car, quoique l'une et l'autre surnagent dans l'eau, cependant celle du milieu s'enfonce beaucoup plus que celle des bords.

Nous avons dit que les montagnes ou pointes que l'on

[1] [de la vallée]

voit depuis celle où l'on monte sont fort hautes et qu'il
y en a plusieurs. Nous en avons distingué trois principales, savoir une vers le midi et deux en tirant vers
l'ouest. Celle qui est vers le midi, que l'on voit d'abord
devant soi, est celle que l'on nomme l'Aiguille du Dru.
Cette pointe ressemble à un obélisque, dont la cime se
perd au-dessus des nues, faisant au sommet un angle
fort aigu. Elle ressemble fort à une grande tour gothique,
bâtie d'une pierre blanche et brune, dont les parties sont
toutes fort rustiques, car il faut remarquer que les morceaux qui s'en détachent le font toujours verticalement,
en laissant de petites parties isolées par ci par là, et qui
font que toute cette montagne paroit composée d'une infinité de petites tours, ce qui fait un très bel effet, lorsque le soleil l'éclaire, par l'agréable mélange de clair et
de brun, qui est varié à l'infini[1].

Les autres deux pointes, qui sont du côté de l'occident, sont l'Aiguille du Mont-Mallay[2], le plus près de
l'Aiguille du Dru, et le Mont-Blanc, qui est le plus vers
l'occident. C'est cette pointe du Mont-Blanc qui passe
pour la plus haute des glacières et peut-être des Alpes.
Plusieurs personnes du pays, qui ont voyagé, nous ont
assuré l'avoir vue[3] depuis Langres et d'autres depuis
Dijon.

La montagne où l'on monte pour voir la vallée de
glace a trois noms : la partie du côté de l'orient est nommée le Montanverd, celle du milieu les Charmeaux et
celle du côté du couchant la Blaiterie. Sur cette mon-

---

[1] [Cette montagne est trop escarpée pour que la neige ou la glace puisse s'y
maintenir.]

[2] [qui est toujours couverte de glace.]

[3] [de Dijon et d'autres de Langres, qui est à 135 milles de distance. Effectivement, la cime du Mont-Blanc est facile à distinguer, parce qu'elle est en pointe
mousse et tout à fait à pic du côté nord ; si les côtés étaient prolongés de manière à former un angle au sommet, j'imagine qu'il serait de 25 à 30 degrés.
Cette montagne est, du haut en bas, entièrement couverte de glace.]

tagne s'élèvent quatre pointes dans le goût de l'Aiguille du Dru, et que l'on nomme les Pointes des Charmeaux.

Toutes ces pointes sont absolument inaccessibles, les unes à cause de la glace qui en couvre la surface presque partout, comme sont le Mont-Mallay et le Mont-Blanc, *les autres à cause de leur pente escarpée. C'est au sommet de ces montagnes et le long de la vallée de glace qu'on trouve le cristal, et non sous la glace*[1], comme quelques-uns l'ont prétendu.

Le cristal se trouve dans l'épaisseur du roc : ceux qui le cherchent le connoissent à certaines veines blanches et bleues qu'ils voient sur le roc; [c'est ce qu'ils appellent *apparence*.] Ces veines sont ou seules, ou plusieurs ensemble, venant se réunir à un même point. Ils frappent à l'xtrémité des veines, et dès qu'ils entendent un son creux, ils rompent le rocher et trouvent le cristal dans des excavations, qui sont quelquefois profondes de quelques pieds, qu'ils nomment *fours*. Le cristal est une pierre qui se produit[2] par une lente végétation et non par congélation. Chacun sait que ce sont des branches, toutes de figure hexagonale, jointes les unes aux autres, à peu près comme les niches que font les abeilles, [ainsi qu'elles sont décrites dans le *Spectacle de la nature*[3]]. Ces branches sont quelquefois inégales en grosseur et en longueur, mais se terminent toutes en pointes de diamant, comme si elles avoient été taillées. Elles sont toutes adhérentes à une espèce de pierre de figure informe[4], participant de la nature de la roche et du cristal, de cou-

[1] Les mots imprimés en italiques manquent dans le manuscrit. Je les rétablis d'après la version anglaise.

[2] [, à ce que je crois,]

[3] *Le Spectacle de la nature, ou entretiens sur l'histoire naturelle et les sciences.* Paris, 1732 et années suivantes, 9 vol. in-12°. Ouvrage, souvent réimprimé, de 'abbé Pluche.

[4] [qui en est en quelque sorte la racine]

leur bleue et blanche, brune et noire, extrêmement dure
et pesante. C'est cette pierre que l'on nomme *matrice.*

Il faut remarquer que dès que l'on a une fois détaché
le cristal, il n'en revient plus d'autre, quoique l'on laisse
la matrice à la même place d'où on l'a tirée, et c'est ce
qui a fait penser[1] que le cristal étoit formé dès la fonda-
tion du monde. Il[2] arrive, dans la suite des temps, que
quelques-uns de ces fours, ou cristalières, s'éboulent
avec les morceaux ou pièces de rochers qui les contiennent et vont rouler jusque sur la glace. C'est la raison
pourquoi les[3] bergers trouvent souvent des morceaux
de cristal sur la surface de la glace et même quelquefois
adhérents avec elle, et dans le courant de l'eau où ils
sont venus par la fente de la glace. Il y a certains endroits où le bétail traverse la glace pour aller paître au
pied des montagnes, de l'autre côté de la vallée[4]. Il le
fait d'autant plus facilement que la surface de la glace
est parsemée d'une espèce de gravier, qui n'est que des
petits morceaux détachés des rochers, que[5] les vents
transportent des montagnes voisines.

L'on trouve même sur la glace plusieurs grandes pierres. Il y a apparence qu'elles y ont été roulées du haut
des montagnes, quoique les gens du pays prétendent
qu'elles y ont été élevées du fond des glacières.

[6] [Il n'habite sur ces montagnes que des chamois, des
bouquetins et quelques oiseaux de proie, et une grande
quantité de marmottes, dont nous avons entendu siffler
plusieurs. Les plus petits oiseaux que nous ayons vus
sont des merles ; nous en vîmes un vol de plus de cinquante dans la vallée de Chamougny. L'on n'y voit point

[1] [à quelques personnes]
[2] [Il arrive quelquefois que *etc.*]
[3] [les gens du pays trouvent]
[4] [, là où le soleil peut parvenir et où l'on trouve un peu d'herbe.]
[5] [probablement]
[6] Cf. plus loin, p. 58, note 3, le texte de la version anglaise.

d'hirondelles. Nous vîmes, entre les insectes qui s'y peuvent trouver, une espèce de sauterelles ailées, qui tiennent de la sauterelle et de la demoiselle : elles sont fort grosses et ont les jambes extrêmement longues.]

Nous avons dit, au sujet des glacières, que la vallée de la glace se communique à la vallée de Chamougny par cinq gorges, qui ont chacune leur nom, comme on le verra dans le plan à la fin de cette relation[1]. Les glacières s'étendent par diverses gorges et vallées jusqu'à la vallée de Courmayeux[2]. Mais on ne peut suivre cette route, comme elle l'a été ci-devant, à cause des éboulements de quelques morceaux de montagne. C'est pour cela qu'il est à présent impossible d'aller de Chamougny à Courmayeux par la vallée des glacières.

Entre les cinq gorges qui aboutissent à la vallée de Chamougny, celle que l'on nomme glacière des Bois est la plus considérable, non seulement par sa beauté et sa grandeur, mais parce que l'Arbeiron y prend sa source. Il sort de dessous la glace par deux voûtes toutes de glace, [d'un goût semblable à celui des grottes de cristal que la fable a imaginées pour loger les fées.]

[1] « Il ne s'y trouve pas. » *(Note du manuscrit).* — Dans sa *Description des glacières, glaciers et amas de glace du duché de Savoye*, 1773, p. IV, Bourrit raconte qu'il a « en mains une estampe angloise qui représente la Vallée de glace du Montanvert, gravée par Vivarès, dont il n'y a pas un trait pris dans la nature. » C'est l'une des deux planches qui accompagnent la brochure angloise de Martel, en 1744. (Voy. ci-dessus, p. 16). — Je dois ajouter ici que M. Ch. Le Fort vient d'acquérir un exemplaire du plan de Genève, par Martel, qui diffère sur quelques points de celui de la Bibliothèque de Bâle : c'est ainsi que le *Plan de Genève Ancienne* y est tout autre, que la signature *J. Maurer excudit* a disparu, qu'une quinzaine de désignations nouvelles ont été introduites dans les environs de la ville et que la dédicace à lord Brooke est remplacée par la petite carte coloriée (CARTE *du Balliage de Gex en France et des Balliages de Ternier et Galliard en Savoye, Avec ce qui est de la dépendance de GENEVE, Leve par M*r *Grenier Comisaire de la République)* dont Haller avait fait mention (cf. p. 16, n. 1). Ainsi, le bibliographe bernois avait vu un exemplaire de cette seconde édition du plan de Martel, mais c'est à tort qu'il le croyait identique à l'exemplaire de Bâle.

[2] [, dans le val d'Aoste.]

C'est un spectacle aussi admirable qu'extraordinaire
de voir partout les inégalités qui s'élèvent au-dessus de
ces voûtes de plus de 80 pieds et qui paroissent du plus
beau cristal du monde, réfléchissant une infinité de
belles couleurs, comme si l'on regardoit tout autant de
prismes qu'il y a de branches de glace ; car il faudroit
se représenter cet endroit comme s'il étoit composé d'une
infinité de branches verticales, adhérentes les unes aux
autres et finissant en haut et en bas inégalement. Ce
n'est cependant pas sans peine que l'on parvient jusqu'à
cet endroit, si digne d'admiration[1]. L'on peut même
aller sous une de ces voûtes, où l'eau n'est pas si abondante qu'à l'autre, mais non pas sans danger, à cause
des morceaux de glace qui s'en détachent quelquefois,
comme[2] nous l'avons vu nous-mêmes.

L'Arbeiron[3] vient de dessous ces voûtes et roule avec
soi quantité de paillettes d'or, *comme l'orfèvre qui nous
accompagnoit nous le montra. Le ruisseau d'Argentière,
qui vient du glacier du même nom, charrie également
des paillettes d'or*[4] et d'argent, ce que l'on n'a pas remarqué aux sources de l'Arve. Il y a apparence que
l'Arbeiron a une autre source que celle[5] de la glace,
puisque son eau ne tarit jamais, non plus que l'Arve,
qui prend sa source sur une montagne où il n'y a[6] ni
glace, ni neige. Quoi qu'il en soit, l'Arve et l'Arbeiron
roulent un sable très blanc et très fin, ce qui fait que
leur eau ressemble à celle dans laquelle on a fait dis-
soudre du savon. Elle conserve même cette couleur jusqu'à l'endroit où elle reçoit le Nant des Bois, duquel

---

[1] [Nous fûmes même obligés de traverser l'un de ces passages, où l'eau *etc.*]
[2] [comme nos guides l'ont vu arriver.]
[3] [, large cours d'eau qui se jette dans l'Arve,]
[4] Nouvelle omission du manuscrit, due à ce que les typographes appellent
un *bourdon*.
[5] [de la fonte de la glace]
[6] [en été]

nous avons déjà parlé[1]. Il est à présumer qu'elle peut prendre avec cette eau beaucoup[2] de paillettes d'or, car nous avons remarqué, en passant au travers de ce Nant, une infinité de pierres qui paroissent contenir beaucoup de mines d'or et d'argent.

Toutes les glacières, du moins celles qu'on nomme glacières de Chamougny, sont situées à la gauche de l'Arve. Il y en a une autre de l'autre côté, dans la montagne de Valorsine, mais elle est très peu considérable et n'a aucune communication avec les grandes glacières.

Avant de quitter Chamougny, il convient de dire quelque chose de son histoire naturelle [et merveilleuse].

Les habitants du pays paroissent fort honnêtes gens, vivant ensemble dans une grande confiance. Ils sont assez robustes, vivent longtemps; il y a même très peu de pauvres. Ils ne cultivent leurs terres qu'au printemps, après que les neiges se sont retirées, ce qui est quelquefois à la fin d'avril, d'autres fois à la fin de mai. Ils labourent dès lors leurs terres et y sèment des graines, comme de seigle, de l'orge, des fèves, de l'avoine et du sarrasin, qu'ils moissonnent dans le courant de septembre, et de toutes ces graines, ils en font une espèce de pain plat, qui est extrêmement dur, parce qu'ils le font sécher au soleil, après qu'il est cuit; ils le conservent ainsi plusieurs mois. Ils n'ont de froment que pour les enfants, encore est-ce fort peu. C'est une chose surprenante de voir de quelle manière les montagnes sont cultivées dans des endroits presque dirigés verticalement, où ils labourent et sèment presque aussi bien qu'on le fait dans la plaine. C'est ce que nous avons remarqué depuis Sallanches.

---

[1] [et dont l'eau charrie un sable très noir, qui change en gris foncé la couleur de la rivière: l'Arve garde cette couleur jusqu'à ce qu'elle se jette dans le Rhône, au dessous de Genève.]

[2] [un peu]

Les fruits y viennent fort tard, car nous y vîmes les
cerises qui n'étoient pas encore mûres, et trouvâmes sur
la montagne des fleurs et des fruits que l'on n'a ailleurs
qu'au printemps.

Il faut dire ici un mot d'une fontaine que l'on trouve
en montant la montagne, qui donne une fort bonne eau
minérale[1], tenant du fer et du soufre. [Il est dommage
qu'elle ne soit pas plus abondante, car] elle est déli-
cieuse et bien fraiche ; [c'est la première que l'on trouve
en allant au Montanverd.]

Il y a du miel[2] qui ressemble fort à celui de Narbonne
pour la couleur, mais non pour le goût[3].

[Les habitants de ces contrées disent que ces vallées
de glace ont été autrefois habitées et qu'il y avoit un
très bon nombre de maisons, mais qu'une fée qui prési-
doit sur le pays, ayant reçu quelque mécontentement
des habitants, les maudit et que, depuis, leur pays a toujours été couvert de glace. Ils font un conte à peu près
semblable d'un géant. Ils disent que ces montagnes,

[1] [belle et limpide]
[2] [blanc]
[3] [Les moutons, que l'on tient près du glacier, lèchent la glace, ce qui leur
sert de boisson ; on les laisse là sans aucun gardien, car il n'y a point d'animaux de proie dans cette vallée, bien que les ours, les loups et les renards
abondent dans la contrée qui l'entoure. Le pays n'offre que des chamois, des
bouquetins, qui habitent les hautes montagnes, et une grande quantité de marmottes. Voici ce que les habitants nous ont raconté sur cet animal : Les marmottes dorment pendant six mois de l'année, soit tout l'hiver. En été, elles se
préparent une couche chaude pour le temps de leur sommeil ; à cet effet, elles
coupent des herbes avec leurs dents et quand elles veulent transporter ces
herbes dans leurs tanières, l'une d'elles se renverse sur le dos et les autres, la
chargeant comme une charrette, la trainent ensuite par les oreilles jusqu'à leur
gite. On prétend aussi que ces animaux se préservent des surprises en plaçant
des sentinelles, qui leur donnent l'alarme au moyen d'une sorte de sifflement.
Les habitants du pays mangent les marmottes ; ils les trouvent bonnes et brû-
lent leur graisse dans des lampes. Il n'y a, dans la vallée, ni oiseaux de proie,
ni corbeaux, ni hirondelles. J'y ai remarqué une espèce curieuse de sauterelle,
qui a de longues pattes et ressemble beaucoup à la demoiselle. Nous restâmes
à Chamouny du mardi soir au jeudi matin ; mais le baromètre etc.] — Cf. le
texte français, ci-dessus, p. 54, et plus loin, p. 64.

qu'ils nomment souvent *Maudites,* sont les habitations des démons, des sorciers et des esprits immondes que les prêtres exorcisent et relèguent dans ces lieux inhabités. Ils font encore un autre conte sur l'Arbeiron : ils prétendent qu'une vieille femme a vu, plusieurs années de suite, un grand trésor sous ces voûtes de glace, où l'Arbeiron prend sa source aux glacières des Bois, et que ce trésor s'ouvroit seulement deux fois l'année, savoir le jour de Noël et le jour de la Saint-Jean pendant la messe, ce qui fit que le curé ne put jamais le voir, et qu'il se refermoit d'abord après. L'on ne finiroit pas si l'on vouloit rapporter toutes les fables qu'ils débitent au sujet des choses extraordinaires que l'on voit dans ces contrées. Ils sont tous fermement persuadés que la glace des glaciers se produit par une espèce de végétation tant l'été que l'hiver.]

Nous repartîmes de Chamougny le jeudi 23 du même mois, après y avoir resté environ trois jours. Le baromètre ayant été gâté, nous ne pûmes plus faire d'expériences. Nous revînmes coucher à Cluse, et de là nous vînmes à la montagne du Môle, qui doit être de quelque chose plus haute que le Montanverd, puisque nous employâmes une demi-heure de plus à la monter, quoique le chemin en soit uni : il est aussi plus escarpé[1]. Lorsque nous y fûmes parvenus, nous eûmes beaucoup de plaisir à contempler les objets de toute part ; c'est une chose admirable de voir tout ce que nous prenons pour de hautes montagnes entrecoupé de coteaux et de val-

---

[1] [J'aurais voulu avoir mon baromètre pour mesurer la hauteur de cette montagne, mais je dus me contenter, arrivé à la cime, de relever l'angle de position que forment les glacières par rapport à Genève ; je trouval qu'il était exactement de 158 degrés. Ce fut avec un vif plaisir que je contemplai tous les objets qui nous environnaient : ce spectacle me rappela le beau plan que vous avez vu dans notre Bibliothèque publique, car, vue du sommet, la plaine qui s'étend au bas de cette haute montagne a, au premier aspect, la même apparence. C'est une chose *etc.*]

lées, couvertes des richesses de Cérès et de Pomone.
Un grand nombre de villages, qui nous paroissent devoir
être ensevelis dans des antres profonds, sont situés d'une
manière très agréable[1]. En un mot, si nous eûmes beaucoup de peine à gagner la cime de cette montagne, nous
en fûmes largement dédommagés par la plus superbe
vue qui puisse s'offrir aux yeux.

Après avoir joui pendant une demi-heure du plaisir
d'une si belle vue, nous descendîmes et vînmes coucher
aux Contamines, d'où nous vinmes le[2] lendemain à
Genève, tous très satisfaits de notre voyage, sans autre
regret que de n'être pas restés plus longtemps à Chamouny, pour y examiner toutes les raretés que la nature
a produites dans ce pays[3].

---

[1] [et dans une position champêtre]

[2] [le samedi 26], lisez : le samedi 25.

[3] [Les personnes qui désireront entreprendre ce voyage fatigant et curieux
devraient ajouter aux précautions indiquées ci-dessus celle de s'arranger à con-
sacrer plus de temps à cette excursion et, si possible, à revenir par la Suisse, ce
qui serait très facile en partant de Chamouny. Rien ne serait plus agréable que
ce voyage par suite de la rareté et de la variété des points de vue, qui s'offrent
continuellement aux regards. Dans ce cas, ce serait à l'aller qu'il faudrait faire
l'ascension du Môle. — Permettez-moi, Monsieur, de vous adresser la relation
de notre course, comme à celui auquel elle appartient de droit. Vous nous avez
tracé un chemin que, grâce à vos indications, il a été facile de suivre. J'espère
que vous voudrez bien me pardonner mes incorrections de style et mon manque
de méthode dans l'exposition des faits : j'ai confié au papier tout ce qui nous
arrivait, à mes compagnons et à moi. La vérité est l'unique mérite de ce récit
et c'est elle seule qui peut vous engager à le recevoir favorablement, comme
un témoignage du respect sincère avec lequel je suis, Monsieur, votre très
humble et très obéissant serviteur, P. M.] — A ce qui a été dit p. 7 et p 35,
note, on peut encore ajouter que, dès 1700, une partie des renseignements
donnés par Baulacre sur les expéditions de 1741-42 étaient reproduits par Gruner dans son ouvrage intitulé : Die Eisgebirge des Schweizerlandes. (Voy. la
traduction française, fort mauvaise d'ailleurs, due à M. de Kéralio, 1770, p. 154-
160.) Gruner parait même avoir eu sous les yeux le texte complet des deux
relations. — D'autre part, le voyage et le récit de Martel n'ont été mentionnés,
dans ces derniers temps, ni par M. Stéphen d'Arve [Ed. de Catelin] dans ses
Fastes du Mont-Blanc, 1876, ni par M. Longman (Modern mountaineering,
1877.)

[REMARQUES SUR LES PLANTES QU'ON TROUVE SUR
CES MONTAGNES.]

[1] En montant par un chemin pénible et fort étroit du
Montanverd vers la glacière des Bois, nous trouvâmes
diverses belles plantes, sans pourtant[2] nous être écartés
du chemin. Voici les noms de quelques-unes[3]:

Pyrola folio mucronato[4]; — *Consolida Saracenica
minor alpina;* — *Alchemilla alpina minor quinquefolia*[5];
— *Lamium album Plinii*[6]; — *Asclepias flore albo*[7]; —
Victorialis longa[8]; — *Euphrasia alpina floribus luteis*[9];
—*Meum Athamanticum*[10];— *Carlina acaulis*[10]; — *Helleborus albus*[11]; — *Lapathum* de plusieurs espèces; sans
faire mention de quantité d'autres plantes[12].

Tout le long de cette montagne, il y a en plusieurs
endroits des pins et des sapins; il y a aussi des mélèzes
[que les gens du pays nomment *larchis*], en latin *Larix
conifera folio deciduo*. Nous y avons trouvé de bel agaric,
et autour de plusieurs de ces *larchis* ou mélèzes, il y
avoit des incisions horizontales et latérales, par lesquelles
des Italiens avoient tiré de la térébenthine. A la source
de l'Arbeiron, qui est au pied de la glacière des Bois,

[1] Ces *Remarques* sont dues, sans doute, à l'apothicaire Rose, « étranger et
botaniste. » (Voy. p. 13, n. 2.)

[2] [quitter nos guides ni notre compagnie et sans]

[3] J'ai soumis cette liste à un botaniste, M. Marc Micheli, et il a bien voulu
l'examiner avec attention : c'est à lui que je dois les notes qui rétablissent le
nom sous lequel la plupart de ces plantes sont actuellement connues. Quelques
plantes ne se retrouvent pas dans les anciens auteurs et il est probable que
Martel les a citées d'une manière inexacte.

[4] *Pyrola secunda* L.

[5] *Alchemilla pentaphylla* L.

[6] *Lamium album* L.

[7] *Asclepias vincetoxicum* L.

[8] *Allium victorialis* L. (?)

[9] *Euphrasia lutea* L. (?)

[10] Ces deux plantes ont conservé les mêmes noms.

[11] *Helleborus niger* L. (?)

[12] [dont l'énumération constituerait un catalogue, plutôt qu'un récit de
voyage.]

dans la vallée de Chamougny, et dans le lit même de
cette source de l'Arve, qui n'étoit pas couvert d'eau, on
a trouvé les plantes suivantes :

Muscus capillaceus lanuginosus densissimus[1]; — *Lytho-
phytum album nodosum*[2]; — *Sedum Alpinum subhirsu-
tum, corona floris purpurascente, disco viridi*[3], et plusieurs autres espèces de *Sedum*.

[4] [QUESTIONS PROPOSÉES PAR UN CURIEUX
A CEUX QUI ONT FAIT LE VOYAGE DES GLACIÈRES.

1° De Chamougny on voit le bout des glacières. Ne
peut-on pas aller du moins à l'un de ces bouts et toucher même la glace, sans être obligé de monter sur la

[1] (?) Probablement une espèce d'*Hypnum*.

[2] (P) Sans doute une espèce de lichen.

[3] *Sempervivum montanum* L. (?)

[4] Les *Questions* et *Réponses* qui suivent ne se trouvent pas dans la traduction anglaise de 1744. Après les remarques botaniques, qui y figurent en post
scriptum, et avant l'*Advertisement* qu'on a lu plus haut (p. 17), vient un morceau qui manque dans le manuscrit français et dont voici la traduction :

[Comparaison de nos observations avec celles de M. Fatio de Duillier, qui sont
insérées dans l'appendice à l'*Histoire de Genève*, 4me édition*, t. II, p. 450.

« La hauteur de la Montagne-Maudite, par dessus le niveau de la surface du
« lac, est pour le moins de 2000 toises de France, » ou environ 4374 yards
anglais.

J'ai dit ci-dessus [p. 41, 45] que nous avions évalué à 1520 pieds la hauteur
de l'Arve à Chamouny au dessus du niveau du Rhône à Genève, et à 10,930
pieds au dessus de l'Arve à Chamouny la hauteur de la montagne la plus élevée**, ce qui fait en tout .12,450 pieds 5 pouces 5 lignes, soit 2076 toises
3 pieds 5 pouces 5 lignes. C'est à sept lieues de Genève que M. Fatio a trouvé
que la hauteur de cette montagne est de 2000 toises au dessus du niveau du
lac, par conséquent à une distance où il devait être au moins de 50 pieds plus
élevé qu'à Genève. Ainsi, il me semble que nos opérations concordent assez
exactement. Il faut également se souvenir que les observations de M. Fatio
avaient été faites à 45 milles de la montagne et les miennes juste à son pied :
celles-ci sont donc bien moins sujettes à la réfraction.]

Les « Remarques sur l'histoire naturelle des environs du lac de Genève » imprimées dans le t. II (p. 449-470) de l'*Histoire* de Spon (1730) sont mises par
l'éditeur sous le nom de J.-C. Fatio de Duillier. Mais, d'après l'opinion d'Abau-

* Soit édit. de 1730, en 2 vol. in-4° : t. II, p. 458.

** Le Mont-Blanc.

montagne voisine, d'où l'on voit en plein les glacières dans toute leur étendue, jusqu'à la Val d'Aoste, et que les chercheurs de cristaux ou les chasseurs de chamois et de bouquetins ne montent qu'avec beaucoup de peine? Cette glace n'a-t-elle rien dans le goût qui la distingue de la glace ordinaire, et n'y a-t-il point de minéral connu dans les environs qui ait pu se mêler avec elle dans le temps de sa formation?

2º Les glacières vues du haut de cette montagne paroissent sous la forme d'un Y, dont les deux cornes seroient les deux bouts, vues de Chamougny, et dont la base iroit à la Val d'Aoste. Mais quel bout est précisément vers Courmayeux, fameux par ses eaux minérales, ou bien plus au midi, vers la Thuile, au pied du Mont-St-Bernard? Va-t-on aisément de Chamougny à Col Major et en combien d'heures de chemin?

3º Les deux bouts ou cornes des glacières sont-ils à l'orient ou au midi de Chamougny et à quelle distance? Ne va-t-on pas de Chamougny à Martigny en Vallais par

zit, citée par Senebier (t. III, p. 162), Nicolas Fatio de Duillier (né 1664, † 1753) serait, bien plus que son frère aîné, Jean-Christophe (né 1656, † 1720), l'auteur de ces *Remarques*. En tout cas, la mesure de la hauteur du Mont-Blanc parait devoir être attribuée à Nicolas Fatio, car dans son *Voyage de Suisse, d'Italie et de quelques endroits d'Allemagne et de France, fait ès années 1685 et 1686*, Gilbert Burnet s'exprime ainsi (édit. de Rotterdam, 1690, in-8°, p. 19): « Il y a une montagne, pour vous remarquer cela en passant, qui n'est pas fort éloignée de Genève, appelée la Montagne Maudite et couverte de neige en tout tems, qui, en ligne perpendiculaire, a deux mille thoises de France ou douze mille pieds de hauteur par dessus le niveau du lac, selon l'observation qu'en a faite Nicolas Fatio de Duillier, célèbre mathématicien et philosophe, qui, à l'âge de 22 ans, est un des bons esprits du siècle et semble être né pour porter fort loin la philosophie et les mathématiques. »

En 1770, les frères De Luc, réalisant un désir qu'ils avaient depuis longtemps, exécutèrent une nouvelle opération géodésique et attribuèrent au Mont-Blanc une altitude de 2203 $^1/_3$ toises (13,220 pieds) au dessus du lac de Genève, soit 2391 $^1/_3$ toises (14,348 pieds) au dessus de la mer Méditerranée (*Recherches sur les modifications de l'atmosphère*, par J.-A. De Luc, 1772, t. II, §§ 761-763, 938.) Cette évaluation, presque aussi peu connue aujourd'hui que celle de Martel, est, comme on le voit, antérieure aux calculs de Schuckburgh (1775) et de H.-B. de Saussure (1787 ; — cf. Ch. Durier, *Le Mont-Blanc*, p. 27-28.)

Forglas? Quelle distance de Forglas aux glacières et Chamougny est-il entre deux ?

4º La montagne qui vers l'orient forme le bout de la
vallée de Chamougny est-ce le Col Major ou le Mont-
Mallay ?

5º Comment se nomme la montagne que j'ai nommée
dans l'article premier, et de Chamougny à son pied combien de chemin? Chamougny n'est-il pas sur la rive
droite de l'Arve, en suivant le cours de la rivière? Sa
source, à quelle distance est-elle de Chamougny? Est-elle
au nord ou au midi?

6º L'Arve a-t-elle des paillettes d'or à Chamougny
même ? Les y porte-t-elle de sa source ? ou bien est-ce
quelque autre rivière qui les porte dans l'Arve? Quel
seroit le nom de cette rivière? d'où sortiroit-elle? et se
jetteroit-elle dans l'Arve à sa rive droite ou à sa gauche?
Celle que l'on nomme le Bonnant se-t-elle de la montagne que l'on monte pour bien voir les glacières?

RÉPONSES DES VOYAGEURS AUX QUESTIONS PRÉCÉDENTES.

1ʳᵉ RÉPONSE,
QUI PAROIT FAITE PAR UN D'EUX, EN PARTICULIER[1].

L'on dit que les glacières de Chamougny croissent
pendant sept ans et diminuent ensuite pendant sept autres années.

[2] Il y a dans ces montagnes beaucoup de marmottes ;
c'est un animal qui dort six mois de l'année. Pendant
l'été, elles s'assemblent pour faire leurs provisions, qui
consistent en herbe qu'elles coupent avec leurs dents,

---

[1] Cette première Réponse semble se rapporter, non aux questions qui précè-
dent, mais à d'autres que le manuscrit n'auroit pas reproduites. — Au dernier
moment, j'apprends de M. Ludovic Lalanne que la copie de la Bibliothèque
de l'Institut est en entier de la main de Pierre-Michel Hennin. (Cf. plus haut,
p. 8 et 9.)

[2] Cf. ci-dessus p. 54 et p. 58, note 3.

et ensuite une d'entre elles se couche à la renverse, les autres la chargent de l'herbe qu'elles ont coupée et la traînent par les pattes ou les oreilles, avec sa charge, dans leurs tanières, qui sont des creux dans le roc.

De plus, il s'en poste dans les avenues qui font sentinelle et si elles aperçoivent quelqu'un, elles en donnent avis aux autres par un coup de sifflet, et toutes ensemble rentrent promptement dans leurs tanières. Cet animal est bon à manger. Les paysans pour les prendre observent l'endroit où elles se retirent, et ensuite pendant l'hiver, lorsqu'elles sont endormies, ils creusent dans cet endroit et les prennent facilement, les portent chez eux tout endormies et ne les réveillent que par le moyen de l'eau bouillante, qu'ils leur jettent dessus pour les épiler, comme on fait des cochons. Ils en tirent ensuite une graisse liquide, qu'ils mettent dans leurs lampes.

Il y a de beaux marbres sous la cascade de Magyland; on y montre une concavité dans laquelle il y a un lac, à quatre cents pas de l'entrée.

A Servoz, il y a des mines de plomb; quelques-uns disent qu'elles contiennent une matière plus fine.

A Chamougny, on trouve de bon miel blanc.

De St-Joire à Mieusey, derrière le Môle, on passe par un chemin étroit entre deux montagnes, et à droite est le torrent de Guifre, qui se précipite dans les rochers avec un grand bruit.

Les bouquetins se nourrissent avec de très bonnes plantes médicinales, qui sont le génépi et la camomille[1].

Entre la glacière des Bossons et celle des Bois, il y a une montagne nommée Montanvert, qui est contiguë à la glacière des Bois, et après cette montagne suit une autre, nommée la Blaiterie.

[1] Le manuscrit porte : « la comanlle. »

La montagne au bout de la glacière, qui fait point de séparation de la glacière qui va à Courmajeux et de l'autre, qui va dans le Valais, est nommée l'Echaire.

L'on va par une de ces pointes à Courmajeux et par l'autre à Tryant dans le Valais, paroisse de Martigny.

Du prieuré de Chamougny à la montagne du Tour, d'où sortent les fontaines qui sont la source de l'Arve, il y a deux petites lieues.

L'eau qui porte les paillettes d'or dans la rivière d'Arve se nomme l'Arbeiron, qui sort de la glacière des Bois.

2ᵐᵉ RÉPONSE AUX QUESTIONS.

1° L'on peut aller toucher la glace à toutes les gorges des glacières et monter même dessus à certains endroits, sans aller sur la montagne d'où l'on découvre une partie de la grande vallée de glace.

2° Cette glace n'a rien dans le goût qui puisse la distinguer de la nôtre : il n'y a aucun minéral dans les montagnes qui environnent les glacières qui puisse parvenir jusqu'à elle. Il est bien vrai que l'on trouve, en montant la montagne, une petite source minérale, tenant du fer et du soufre, quoique fort peu ; mais elle est beaucoup plus basse que la superficie de la glace et peut-être que le fond de la vallée.

3° L'on peut voir la disposition de la vallée et sa figure par le plan ci-joint[1], qui a été fait sur la montagne même.

4° La montagne qui ferme la vallée de Chamougny du côté du nord est celle que l'on nomme le col de la Balme.

5° L'on peut aller de Chamougny à Martigny par Forglas. Chamougny est, à ce qu'on en peut juger, entre Forglas et les glacières, mais on ne le peut pas assurer.

[1] « Il manque. » *(Note du manuscrit.)*

6° La montagne où l'on monte pour voir les glacières a trois différents noms, que l'on peut voir sur le plan ; la distance de Chamougny à son pied est d'environ 400 pas géométriques.

7° Chamougny est à la rive droite de l'Arve, prise en descendant, et les glacières à la gauche.

8° L'Arve n'a point de paillettes d'or, mais l'Arbeiron en charrie beaucoup.

9° Le Bonnant ne sort pas de la montagne d'où l'on voit les glacières, mais d'une gorge aboutissant entre Sallanches et Servoz.

10° L'on ne peut aller à présent de Chamougny à Courmajeux par les glacières, comme l'on faisoit autrefois, à cause des avalanches des montagnes, qui ont rompu le chemin[1].]

APPENDICE.

En commençant la publication de ces deux relations, je disais (page 3) que des recherches dans les auteurs du XVI° et du XVII° siècle y feraient sans doute découvrir, sur les glaciers du Faucigny, des mentions et des descriptions, jusqu'ici négligées ou restées inconnues. C'est ainsi qu'ayant eu, depuis lors, entre les mains un gros volume in-4° intitulé : *Narration historique et topographique des convens de l'ordre S. François et monastères S. Claire, érigez en la province anciennement appellée de Bourgongne*, par le R. P. Jaques Foderé, j'y ai

[1] Ayant eu l'occasion de citer (p. 9) le *Voyage pittoresque aux glacières de Savoye*, publié en 1773 par André-César Bordier, je puis noter ici, pour ceux qui n'auraient pas ce volume sous les yeux, que l'*Alpine journal*, dans son numéro de novembre 1879 (vol. IX, p. 327–333), vient de reproduire toute la partie du livre qui a trait à la théorie des glaciers, soit les chapitres XIV (p. 224–236) et XVII (p. 254–264), avec un paragraphe du chap. XIX (p. 276–277).

recueilli[1] le passage qu'on va lire et qui s'applique aux
glaciers de Chamonix, bien que ceux-ci ne soient pas
nommés en toutes lettres. Foderé était originaire de
la Savoie méridionale : il publia son livre en 1619, à
Lyon, mais j'ai montré ailleurs[2] qu'il l'avait rédigé dès
1585-87, sauf quelques additions introduites postérieu-
rement dans son manuscrit.

...... « Les lieux habitez [en Savoie] plus près des Alpes sont fort sté-
riles, n'ayant que du printemps, que d'esté et automne en tout environ
quatre mois. Le seigle, qui est le meilleur bled qui y croit, demeure
treze mois en terre, car ils le sèment au mois d'aoust et ne le moissonnent qu'au mois de septembre de l'année suivante : et encor le plus souvent la récolte est perdue et accablée des neiges qui y tombent devant
leurs moissons. Néantmoins, choses très remarquables se trouvent en ces
climats : premièrement (et qui est prodigieux), des glaces despuis deux
ou trois mille ans, lesquelles ne fondent point et ne se résolvent jamais ;
voire au contraire, elles croissent tous les ans, de sorte qu'en des endroits,
elles ont couvert la sommité des montagnes et sont d'une profondeur
inestimable. Et ceste glace est de telle nature qu'elle se purge de soy-
mesme si parfaitement qu'il n'y demeure ny pierre, ny bois, ny autre
matière, ains est plus nette, plus claire et aussi solide que le cristal :
mesme qu'en des endroits, l'on ne peut bonnement juger si c'est minéral
ou simple glace ; et en d'autres endroits, notamment au fonds et près de
terre, elle se convertit en vray et fin cristal.

« Ceste glace en esté parfois se fend en longues et profondes crevasses,
mais, en se fendant, elle faict si grand bruit que l'on diroit que ce sont
coups de canons, ou des esclats de tonnerre pénétrant, et par ces fentes
l'on recognoit l'estrange profondeur. Car les paysants qui sont contraints
passer ces glaciers, soit pour la chasse ou autre occasion, quoyqu'ils
portent aux pieds de[s] grappes d'acier bien cramponnées, quelques-uns
tombent en ces fentes, d'où a fallu avoir des cordes de six vingts toises
pour les retirer. Et en des endroits, despuis le plus haut et plus enflé
desdicts glaciers jusques à la terre, il y a trois cents toises de profondeur

[1] P. 297-298, chapitre consacré à *La custoderie de Savoye.*
[2] *Notes sur le couvent de Sainte-Claire à Genève* (1476-1535). Genève, 1879,
br. in-8°, p. 14, 18 (ou M. D. G., t. XX, p. 130, 134).

et néantmoins précisément au pied et tout au deffaut, ou joignant lesdicts glassiers, l'herbe et le bled y sont aussi verdoyants et viennent en maturité comme autre part. Et ce qu'on doit treuver admirable est que les habitants de tels endroits font fondre par grand artifice de ceste glace, ou s'ils ne la peuvent faire fondre, la pulvérisent et donnent à boire avec du gros vin contre plusieurs maladies; particuliérement, c'est un remède singulier contre la dissenterie, fiévres chaudes et continues.

« En ces Alpes, près desdicts glaciers, se treuvent plusieurs sortes d'animaux, non veus ny accoustumés de vivre ès autres régions...[1] »

---

[1] Suivent des détails sur les bouquetins, les chamois et les marmottes.

www.ingramcontent.com/pod-product-compliance
Lightning Source LLC
LaVergne TN
LVHW022027080426
835513LV00009B/900